Unnützes Fußball Wissen für Jungs & Männer

444 lustige Fakten und Anekdoten zur WM, EM, zum internationalen Fußball und zum deutschen Fußball. Ideales Geschenk für Männer und Jungen (inkl. Quiz).

Autor Alexander Reinke

Inhaltsverzeichnis

1

Herzlich Willkommen

Unnützes Fußball Wissen für Jungs & Männer

Lieber Fußballfan,

schön, dass du dieses Buch in den Händen hältst. Gehe ich richtig davon aus, dass du ein großer Fußballfan bist? Ob du nun ein nationaler Fan, ein internationaler Fan oder ein Fan der Amateurklasse bist, ist völlig unwichtig, denn Fußball ist eine Leidenschaft und eine Sprache, die ein jeder Fan rund um den Globus versteht. Du bist damit nicht allein! Deine Leidenschaft teilst du mit rund 4 Milliarden weiterer Fans weltweit! Eine ganz schön große Community! Dabei saugst du wahrscheinlich alle Infos zu deinem Lieblingsverein auf wie ein Schwamm. Doch manchmal lohnt es sich ebenfalls, etwas nach links oder nach rechts zu schauen, denn da erfährst du die kuriosesten Fakten, die der Fußball zu bieten hat. Doch nicht nur Fakten sind es, die das Fußballherz höherschlagen lassen. Du findest hier in diesem Buch neben Statistiken, auch die besten und kuriosesten Sprüche, die lustigsten Zitate, die herbsten Skandale, die skurrilsten Verletzungen und außergewöhnliche Erlebnisse bei Turnieren. Du darfst dich also auf jede Menge Stadionfeeling in einem Buch freuen. Und weil Fußball eine sehr ernste Angelegenheit ist, wartet am Ende noch ein Quiz auf dich: Bist du wirklich ein waschechter Fußballfan? Schnapp dir also dein Lieblingsstadiongetränk, eine Bratwurst und tauche ab in die Welt des Fußballs.

Wenn dir dieses Buch mit Stadionfeeling am Ende immer noch gefällt, dann würde ich mich freuen, wenn du mir eine Bewertung hinterlassen würdest. Ansonsten legen wir jetzt los, damit wir den Anpfiff nicht verpassen! Viel Freude mit dem Buch.

2

Internationaler Fußball

Unnützes Fußball Wissen für Jungs & Männer

Wusstest du,

... dass es weltweit rund 263 Millionen Fußballspieler gibt?

... und dass es weltweit 326.000 Vereine gibt, die von ihren Fans national und international angefeuert werden?

Stellst du dir gerade die Frage, welcher Verein die meisten Fans weltweit hat? Trommelwirbel: FC Bayern München ist es, mit mehr als 290.000 Mitgliedern. Gefolgt wird Bayern von Benfica Lissabon mit 250.000 Mitgliedern und CA Boca Juniors (Argentinien) mit 213.000 Mitgliedern findet sich auf dem dritten Platz wieder.

Und da wir gerade beim Thema sind: Warum ist kein Verein aus dem Mutterland des Fußballs vertreten? Weil das Mutterland des Fußballs, nämlich England, gar nicht das Mutterland ist. China ist das Mutterland, denn dort wurde schon 2000 v. Chr. mit dem Fußball begonnen. Das Spiel hieß seinerzeit „Ts'uh-chüh".

England kommt aber jetzt ins Spiel. Denn der älteste Fußballverein der Welt (zumindest das was wir heute unter Fußball verstehen) stammt aus dem Jahre 1857 und wurde von, man glaubt es kaum, Cricketspielern gegründet. Es ist der Verein Sheffield FC. Heute ist er jedoch in eine sehr niedrige Liga Englands abgesunken.

Eigentore gehören eigentlich nicht zu den ehrenwerten Treffern. Doch in Madagaskar gab es ein Spiel, in dem 149 Eigentore fielen. Das geschah jedoch nicht aus dem Unvermögen der Spieler heraus, sondern war ein Protest gegen die Leistung des Schiedsrichters. Der gute Herr Schiedsrichter sollte sich einen neuen Job suchen, wenn wegen ihm 149 Eigentore geschossen wurden!

Unnützes Fußball Wissen für Jungs & Männer

Bist du abergläubisch? Viele Fußballfans sind es. Und einigen ist aufgefallen, dass der Name „Ball" in einigen Namen von wichtigen Fußballspielern auftaucht. Natürlich wurde das als Omen gedeutet – in welche Richtung auch immer. Glaubst du nicht? Dann überzeuge dich selbst: Michael Ballack, Willy Caballero (Malaga), Holger Ballwanz (Wolfsburg) und Michael Ball (Manchester City und Everton).

Und eben weil der Fußball so populär ist, war es nur eine Frage der Zeit, bis die ersten Filme über die Kinoleinwand flimmerten, die auf wahren Personen und Gegebenheiten beruhen. So zum Beispiel „Kick it like Beckham", „Fever Pitch", „Das Wunder von Bern", „The Other Final" oder „Deutschland – ein Sommermärchen".

Aber die besten Geschichten schreibt sowieso das wahre Leben. Oder hast du schon einmal von dem Spielausgang 0,5:0 gehört? Wir befinden uns im Jahr 1940. Seinerzeit waren die Bälle noch handvernäht und bei einem Unentschieden ging es automatisch in das Elfmeterschießen. So auch bei dem Spiel mit dem kuriosen Ausgang. Der Torschütze des halben Tores lief an, holte aus und schoss mit voller Wucht gegen den Ball. Dabei platzte die Naht des Balles auf und die innenliegende Blase ging ins Tor, während die leere Lederhülle neben das Tor kullerte. Der Schiedsrichter entschied dabei dann auf ein halbes Tor, da ja zumindest ein halber Ball im Tor gelandet war. Da keine weiteren Tore geschossen wurden, endete dieses kuriose Spiel mit einem 0,5:0. So etwas hat die Welt noch nicht gesehen und wird sie auch nie wieder sehen.

Unnützes Fußball Wissen für
Jungs & Männer

Reisen wir nach Brasilien. Hier gibt es reichlich Fußballfans und auch Stadien. Doch ein Stadion ist ein besonderes Bauwerk. In der Stadt Macapá in Brasilien dreht sich alles um die Mittellinie, denn diese liegt exakt auf dem Äquator. Wenn in dem Stadion nun zwei Mannschaften gegeneinander spielen, so spielt eine Mannschaft auf der Nordhalbkugel, während die andere auf der Südhalbkugel spielt.

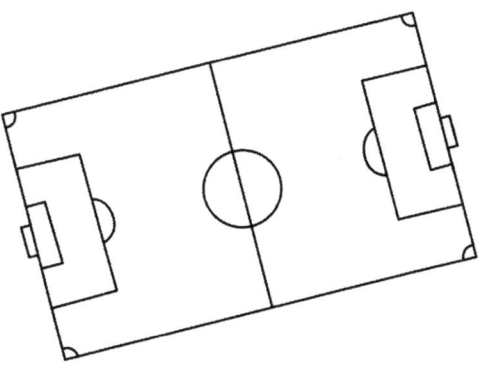

Vom außergewöhnlichsten Stadion der Welt geht es nun zum größten Stadion der Welt. Es ist nicht die Allianz-Arena und es ist auch nicht Maracana. Nein, wir müssen hierzu bis nach Nordkorea reisen, genauer gesagt Pjöngjang. Hier findet sich das Rungrado 1. Mai Stadion und es ist das größte Stadion der Welt. Satte 150.000 Zuschauer können hier einen Platz finden.

Pech hatten jene, die Fußball vor 1937 gern vor dem Fernseher gesehen hätten. Denn es dauerte eine Weile, ehe das erste Fußballspiel im Fernsehen gezeigt wurde. 1937 war es dann soweit. Arsenal London und die Reserve von Arsenal London traten gegeneinander an und das wurde erstmals im Fernsehen übertragen.

Ein trauriges Ereignis findet hier auch seinen Weg in dieses Buch. Als die Nationalmannschaften von Peru und Argentinien gegeneinander in Lima antraten, kam es zu einer Massenpanik, welche 300 Menschen das Leben gekostet hatte. Der Grund hierfür war eine Fehlentscheidung des Schiedsrichters. Die Fans waren so außer sich, dass selbst das Tränengas der Polizei die wütende Meute nicht vom Erstürmen des Spielfelds abhalten konnte. Schrecklich und traurig dieses Ereignis.

Von dem traurigen Ereignis kommen wir nun zu einem rekordverdächtigen Ereignis. 2011 hatte die Mannschaft Mitos Novocherkassk Anstoß, welcher durch den Russen Michael Osinov durchgeführt wurde. Der fackelte nicht lang und schoss direkt aufs Tor. Das erste Tor der Partie und das schnellste jemals geschossene Tor der Welt fiel also nach unglaublichen 2,68 Sekunden!

Unnützes Fußball Wissen für
Jungs & Männer

Und wenn wir schon einmal bei schnellen Rekorden sind: Die schnellste rote Karte gab es zeitlich noch vor dem schnellsten Tor. Ganze zwei Sekunden brauchte Lee Todd, um mit der roten Karte vom Platz geschickt zu werden. Die Ursache war ein laut ausgesprochenes „Fuck you". Strafe muss sein, dachte sich der Schiedsrichter und so kam es zu der schnellsten roten Karte der Welt.

Etwas paradox ist ein Fakt, den man sich erst einmal auf der Zunge zergehen lassen muss. Denn es gibt mehr bei der FIFA anerkannte Nationalmannschaften, als es Länder auf der Welt gibt. Ganze 211 Nationalverbände sind bei der FIFA eingetragen. Wie kommt es nun dazu? Großbritannien beispielsweise hat gleich 4 Nationalmannschaften (England, Wales, Nord-Irland und Schottland). So ist es also nicht verwunderlich, dass es mehr Nationalmannschaften als Länder auf der Welt gibt.

Der Vatikan hat eine Nationalmannschaft, obwohl diese kein FIFA-Mitglied darstellt.

3:1 oder 4:0 hört man häufiger bei einem Fußballspiel und ist nichts Außergewöhnliches. 23:0 ist jedoch etwas sehr Seltenes. Tatsächlich hat der Brasilianer Ronaldinho in seiner Jugendzeit sogar alle 23 Tore in einem Spiel geschossen. Im Nachgang sagte er, dass er dies tat, um internationale Aufmerksamkeit zu erlangen. Dieser Plan dürfte eindeutig geglückt sein.

Die kleinste Liga der Welt, welche mag das sein? Tatsächlich kommt sie von den britischen Scilly Islands.

In der Scilly Island-Liga spielen ganze zwei Mannschaften in der Liga und führen jede Saison 16 Spieltage gegeneinander an.

Es gibt Spiele, da werden einem die Tickets förmlich aus der Hand gerissen. Andere Spiele wiederum wollen gar nicht so wirklich Besucher anziehen. So erging es auch Rumänien und Peru im Jahr 1930. Satte 300 Fußballinteressierte kamen zum Spiel. Seitdem zählt eben jenes Spiel, welches 3:1 ausging, als die Begegnung mit Nationalmannschaften mit den wenigsten Zuschauern.

Deutlich mehr Zuschauer konnten ein krasses Foulspiel bei dem Spiel Manchester United gegen Liverpool live mitverfolgen. Denn Sadio Mané hatte den Kopf des gegnerischen Torwarts wohl mit dem Fußball verwechselt. Der Torwart brauchte nach diesem bösen Foul sogar ein Beatmungsgerät und die Verletzungen in seinem Gesicht mussten genäht werden. Mané musste mit Rot den Platz verlassen. Das Spiel endete 4:0 für Manchester United.

„Fußball ist ein Spiel, bei dem 22 Mann einem Ball hinterherlaufen, und am Ende gewinnt immer Deutschland." Gary Lineker

Es gibt allgemeine Fußballregeln und es gibt extra Fußballregeln für bestimmte Vereine. Und so verfügen die Färöer-Inseln über eine besondere Regel, die es so nur einmal auf der Welt gibt. Auf den Färöer-Inseln herrscht häufig ein rauer Wind, der auch die Stadien erwischt. Da bleibt dann kein Ball ruhig liegen! Kommt es nun zu einem Elfmeter, dann darf ein Mitspieler den Ball auf dem Elfmeterpunkt festhalten, damit der Schütze sein Glück versuchen kann. Der Elfmeter zählt aber nur dann, wenn die helfenden Hände unmittelbar vor dem Schuss keinen Ballkontakt mehr haben.

Und da wir gerade beim Torschießen sind. Was denkst du: ist folgende Situation erlaubt oder verboten? Um ein Tor zu verhindern, könnte sich die gesamte Mannschaft an der Torlinie aufstellen. Laut den Regeln des Fußballs ist das tatsächlich erlaubt. Noch nie wurde diese Regel allerdings bei einem offiziellen Spiel auch tatsächlich in die Tat umgesetzt. Aber allein schon um die Blicke der gegnerischen Mannschaft zu sehen, sollte sich doch mal eine Mannschaft ein Herz fassen und es einfach mal ausprobieren.

Die Hand Gottes. Sagt dir das was? Wenn du nun auch an das legendäre Tor von Diego Maradona denkst, liegst du goldrichtig. Mit dem Handtor ging Diego Maradona im Jahr 1986 in die Geschichtsbücher ein.

„Mal was Neues!", musste sich Paul Pogba bei seinem Elfmeter gedacht haben. Der damalige Manchester United Spieler nahm Anlauf zum Schuss. Allerdings nicht schnell, sondern mit 26 Dribbelschritten. Ganze 12 Sekunden hat das Spektakel gedauert. Im Vergleich dazu: Usain Bolt wäre in dieser Zeit 100 Meter gelaufen, hätte kurz Luft geholt und die ersten Glückwünsche entgegengenommen. Allerdings hatte sich Pogba fast verzockt. Denn der Elfmeter kam nur mit dem

Metall in Berührung. Im Nachschuss allerdings traf er dann – ohne Dribbling.

Vor oder nach einem Spiel noch einmal schnell shoppen? Das hört sich gar nicht verkehrt an. Und darum hat das Stadion Voždovac es auch in dieses Buch geschafft. Von oben sieht das Stadion aus wie jedes andere Stadion auch. Doch schaut man von unten, dann muss man sich schon die Augen reiben: Das serbische Stadion in der Hauptstadt Belgrad wurde auf dem Dach eines Einkaufzentrums errichtet. Weltweit ist es das einzige Stadion, das auf so einem Ort seine Heimat gefunden hat. Wie es wohl vor und nach einem Spiel in dem Einkaufszentrum ist? Mit Sicherheit voll!

Von einem besonderen Stadion kommen wir zum nächsten besonderen Stadion – und zwar dem höchstgelegenen Stadion der Welt. Wo es zu finden ist? In La Paz, der Hauptstadt von Bolivien. Es wurde auf einer Höhe von 3.637 m erbaut, fasst 42.000 Zuschauer und wurde zu Ehren von dem Präsidenten Boliviens, Hernando Siles Reyes, erbaut, welcher auch der Namensgeber ist: Estadio Hernando Siles.

Leider bekommt man hier in Europa das einzigartige Stadion nur selten zu Gesicht. Kein Wunder, denn hier in Europa stehen andere internationale Turniere an. So zum Beispiel die Champions League, welche einen hohen Stellenwert besitzt. Namen wie Real Madrid, Manchester United, Bayern München oder AC Mailand gehören zur Champions League wie das Amen zur Kirche. Doch welche Mannschaft hat eigentlich die meisten Titel in der Champions League einheimsen können? Wenn du nun auf Real Madrid gesetzt hast, dann liegst du richtig damit. 14 Titel hat die Mannschaft in der ÇL bereits für sich gewinnen können. Auf Platz zwei ist AC Mailand mit 7 Titeln zu finden und den dritten Platz mit 6 Titeln teilen sich der FC Liverpool und Bayern München.

Bleiben wir in der Champions League und gehen zurück in das nostalgisch anmutende Jahr 2020. Denn die Gruppe B bestand aus alten Bekannten. So traf Borussia Mönchengladbach zum Beispiel auf Real Madrid und Inter Mailand. Das muss doch Erinnerungen bei echten Fans wachrufen oder nicht? Bei den Italienern rief es Erinnerungen wach und zwar an das Jahr 1971. Im Mittelpunkt stand nicht das Spiel, sondern eine Limodose, die von einem Zuschauer an den Kopf des Spielers Roberto Boninsegna geworfen wurde. Dieser ging zu Boden und musste ausgewechselt werden. Von der UEFA wurde das Spiel im Nachgang annulliert und Mönchengladbach bekam für 3 europäische Spiele eine Sperre. Auch eine Strafe wurde fällig: 10.000 Franken. Das Spiel hat seitdem den Namen Büchsenwurfspiel weg – bis heute ist es legendär.

In der folgenden Situation wurde der Spieß umgedreht und ein Fan bekam es dicke. Das Ganze geschah im Januar 1995, während Crystal Palace gegen Manchester United antrat. Eric Cantona wurde während des Spiels von einem Fan beleidigt und bespuckt. Das ließ sich Cantona nicht gefallen, nahm Anlauf und kickte den Fan in guter alter Kung-Fu-Manier nieder. Das gab Ärger!

Ein Tor, das es nicht gab, ging um die Welt. Die Rede ist von dem Phantomtor. Es ist das Jahr 2013. TSG Hoffenheim spielt gegen Leverkusen. Der Spielstand lautet 0:1 für Leverkusen. Da tauchte Stefan Kiessling auf und versenkte einen Ball mit dem Kopf gekonnt an das Außennetz. Und nun sollte das Drama beginnen. Durch ein Loch im Netz schlüpfte der Ball in das Tor. Die Schiedsrichter gaben das Tor und die Situation wurde international zum Lacher.

Neben den genannten wichtigen internationalen Veranstaltungen gibt es natürlich auch eine Vielzahl an Ligen, in denen national Fußball gespielt wird. Es verwundert also nicht, dass nicht nur Deutschland eine zweite Liga hat, sondern auch Griechenland. Warum ich das so hervorhebe? In der 2. griechischen Liga kam es zu einer Situation, die hat man noch nicht gesehen. Der AE Larisa spielte dort gegen Ergotiles. Das Spiel fing an wie viele Spiele und war zunächst unspektakulär. Doch dann wurde Leonardo Koutris gefoult. Er stand jedoch nicht mehr auf und blieb am Boden liegen. Das Spiel lief jedoch weiter. Irgendwann bemerkte ein Gegenspieler, dass Koutris am Boden lag, lief zu ihm hin und zog ihn am Trikot hoch. Hoffnungslos. Die Sanitäter mussten ran. Doch was war das? Halbherzig bugsierten sie Koutris auf die Trage und keine paar Schritte später stolperte der Sanitäter mit dem Spieler und ging zu Boden. Als ob das noch nicht schlimm genug wäre, stolperte selbiger Sanitäter drei Schritte später erneut und Koutris musste einen argen Kopfstoß während des Niedergangs hinnehmen. Die Sanitäter haben es mit Koutris ins Seitenaus geschafft. Doch die Trage wurde nicht vorsichtig abgestellt, nein! Es schien, als hätten sie die Liege nahezu hingeschmissen – inklusive verletztem Fußballer darauf. Nicht nur die Schmerzen musste Kourtis ertragen, er beobachtete auch eine grandiose späte Niederlage von seinem ruppigen Krankenbett aus. So viel Pech!

Von Griechenland geht es weiter in die Schweiz. Hier ist die Superliga im vollen Gange und der FC Thun tritt gegen den FC Zürich an.

Unnützes Fußball Wissen für
Jungs & Männer

Das Spiel startete wie jedes andere auch, doch dann schlich sich ein Marder auf das Spielfeld. Sofort unterbrach der Schiedsrichter das Spiel und ordnete an, dass der Marder vom Spielfeld geholt werden müsse. Die Ordner und Spieler begannen damit, dem Tier hinterher zu jagen. Vergeblich. Das braune Tier war einfach zu flink. Doch dann gelang es Loris Benito vom FC Zürich, das Tier zu schnappen. Der Marder war aber gar nicht begeistert und vergrub seine spitzen Zähne in die Finger des Spielers. Dieser ließ den Marder fallen und begab sich zum Verarzten des Fingers. Der Marder jedoch lief weiter fröhlich seine Runden über den Platz. Erst David Da Costa konnte den tierischen Flitzer einfangen. Der Torwart von Zürich griff beherzt zu und dank der Torwarthandschuhe konnten ihm die Bisse des kleinen Störenfrieds auch nichts anhaben. Zürich gewann am Ende das Spiel dann doch noch mit 4:0. Und der Marder? Der wurde nach dem Spiel auf einer Wiese in der Nähe des Stadions ausgesetzt.

Nur 14 Sekunden und eine Investition ist für 4 Monate auf Eis gelegt. So erging es dem Klub Leicester City. Denn der Verein reichte die Unterlagen exakt 14 Sekunden zu spät ein und so musste Adrien Silva 4 Monate auf seinen ersten Einsatz warten. Die FIFA hat schließlich nicht umsonst Fristen gesetzt! Auch 14 Sekunden drüber, sind 14 Sekunden zu spät. Ärgerlich ist es trotzdem.

30 Millionen Euro, das ist die Summe, die Manchester United verloren ging. Im Sommer 2015 sollte der Torwart David De Gea für die genannte Summe nach Real Madrid wechseln. Doch in letzter Sekunde war es dann aus mit dem Deal, denn die Unterlagen lagen dem spanischen Ligaverband nicht rechtzeitig vor. Also musste De Gea seine Koffer

wieder auspacken und Manchester United hat die 30 Millionen Euro Ablöse nicht bekommen..

Kommen wir wieder zurück zur Champions League, denn die ist besonders skandalträchtig. Im September 2004 pfiff der Schiedsrichter Anders Frisk die Partie Dynamo Kiew gegen AS Rom. Roms Verteidiger Philippe Mexes hat sich äußerst unfair benommen und durfte sich bei dem Unparteiischen eine rote Karte abholen. Nichts Ungewöhnliches in einem Fußballspiel. Doch ein Zuschauer dachte, er müsse Mexes' Rächer sein und warf den Schiedsrichter gekonnt mit einer Münze ab. Das Ende vom Lied: Der Schiedsrichter trug eine Platzwunde auf der Stirn davon.

Für internationales Aufsehen sorgte auch ein deutscher Trainer: Christoph Daum. Es ist Oktober im Jahr 2000. Der Trainer Christoph Daum soll eine Haarprobe abgeben. Ihm wird Drogenkonsum vorgeworfen. Reinen Gewissens, wie er sagte, gab er die Probe ab und beteuerte weiterhin, dass er clean sei. Kurze Zeit später jedoch stellte sich heraus, dass er gekokst hat und damit war er international nicht mehr haltbar. Nur Christoph Daum weiß, warum er nicht von Anfang an ehrlich war.

Geld regiert die Welt und auch beim Fußball werden teils horrende Summen bezahlt. Es handelt sich dabei um Summen, die dem normalen Menschenverstand fremd sind. So wechselte der teuerste Spieler aller Zeiten für 222 Millionen Euro vom FC Barcelona nach Paris Saint-Germain. Es handelt sich um den damals 25-jährigen Brasilianer Neymar.

Unnützes Fußball Wissen für
Jungs & Männer

FC Barcelona ist übrigens dann auch der Verein, der die höchsten Einnahmequellen besitzt. 715 Millionen € kommen da zusammen. Diese setzen sich aus kommerziellen Einnahmen in Höhe von 340,2 Millionen Euro, Rundfunkeinnahmen mit 248,5 Millionen und Spieltageseinnahmen von 126,4 Millionen Euro zusammen. (Stand 2021)

Auf dem dritten Platz der finanziell am besten dastehenden Vereine ist ein deutscher Verein: FC Bayern München. Er verfügt über 634,1 Millionen Euro. Diese setzen sich beim FCB wie folgt zusammen: aus kommerziellen Einnahmen - 360,4 Millionen Euro, Rundfunkeinnahmen - 203,3 Millionen und Spieltageseinnahmen - 70,3 Millionen Euro. (Stand 2021)

Unfälle passieren. Ein Unfall auf dem Spielfeld oder beim Training nennt sich Arbeitsunfall. Doch wie jeder kluge Mensch weiß: Die meisten Unfälle passieren zu Hause. Das musste auch der englische Nationalspieler David Betty am eigenen Leib zu spüren bekommen. Denn dieser fiel in den 1990er Jahren für viele Monate wegen einer Verletzung der Achillessehne aus. Schuld an dem Unfall: Der Sohnemann hat den Kicker mit seinem Bobbycar unglücklich angefahren.

Einen ebenso schwarzen Tag hatte der walisische Nationalspieler Darren Barnard. Denn dieser rutschte auf den Hinterlassenschaften seines Hundes aus und dabei riss das Kreuzband. Auf stolze 6 Monate Spielpause kam der Waliser.

Vor dem Fernseher kann aber nun wirklich nichts passieren! Der irische Nationalstürmer Robbie Keane beweist aber das genaue

Gegenteil. Beim Versuch, die heruntergefallene Fernbedienung mit dem Fuß hochzuheben, rissen gleich mehrere Bänder.

Es ist gut, wenn das im Training Geübte in Fleisch und Blut übergeht. Automatismen nennt man das heute. Allerdings sollten sich diese Automatismen auf das Spielfeld begrenzen. Zumindest wäre dieser Ratschlag für Oliver Reck wichtig gewesen. Denn der Bremer Torwart erlitt eine Platzwunde bei dem Versuch, in der Dusche eine herabfallende Seifenschale mit dem Spann aufzuhalten.

Ein ganz besonderer Augenblick ereignete sich im Jahr 2021 in der Europa League. Manchester United tritt beim FC Granada das Geisterspiel aufgrund von Corona an. Doch so ganz war es dann doch kein Geisterspiel. Denn ein bekannter Unbekannter schlich sich 14 Stunden vor Anpfiff ins Stadion und versteckte sich unter einer Plane. Der Spanier namens Olmo Garcia witterte dann seine Chance und düste nackt wie Gott ihn schuf aufs Spielfeld. Dort rannte er über das Spielfeld und jubelte was das Zeug hält, ehe er von der Polizei abgeführt wurde. Seitdem hat er den Namen El Flitzer weg.

Welche Fußball-Wettbewerbe sind international am angesehensten? Natürlich ist die Champions League am wichtigsten. Doch auch die Premier League, LaLiga, Seria A und die Bundesliga sind international von Bedeutung. Kurz dahinter folgen dann die Ligue 1 und Europa League.

Die wichtigsten Sportveranstaltungen im Fußball (sortiert nach Zuschauern und Einnahmen), in der die Nationalelf den Rasen betritt, ist natürlich ganz klar die Weltmeisterschaft. Diese wird dicht gefolgt von der Europameisterschaft und dem Copa America. Aber auch die olympischen Spiele, Nations League und der Africa Cup sind international von Bedeutung.

Bei so vielen internationalen Veranstaltungen fragst du dich sicher, wie das Ranking insgesamt aussieht. Was ist das wichtigste Turnier oder die wichtigste Veranstaltung weltweit? Hier kommt das Ranking:

Platz	Veranstaltung
1	Weltmeisterschaft
2	Europameisterschaft
3	Champions League
4	Copa America
5	Bundesliga, Seria A, Premier League, LaLiga und Africa Cup
6	Europa League und Nations League
7	Ligue 1
8	Nationale Pokale der Top 5 Ligen
9	Olympische Spiele

3

Weltmeisterschaften

Unnützes Fußball Wissen für Jungs & Männer

Starten wir schnell in die Welt der Fußball Weltmeisterschaft. Und mit schnell meine ich wirklich schnell. Denn es heißt ja oft: ein frühes Tor sorgt für Sicherheit bei den eigenen Spielern. Das dachte sich wohl auch Hakan Şükür im Jahr 2002, der seiner Nationalmannschaft Türkei etwas Luft verschaffen wollte und beherzt das erste Tor direkt 11 Sekunden nach dem Anpfiff schoss. Was die Südkoreaner, gegen die die Türken gespielt hatten, wohl in diesem Augenblick dachten?

Sagen dir die Namen Brazuca, Jabulani, Teamgeist und Telstar etwas? Nein? Dabei handelt es sich doch um eine alte Tradition, die seit 1970 existiert. Da du ein echter und wahrhaftiger Fan bist, möchte ich das Rätsel um die Namen auflösen. Bei den Namen handelt es sich um die Namen der Spielbälle von Weltmeisterschaften. Der Name des Balles 2018 war übrigens Telstar 18.

Doch Bälle haben nicht nur Namen und müssen sich zudem strengen Regeln unterziehen. Nein! Viel mehr gehört noch dazu. Denn ein Ball schafft es nur zur WM, wenn auch die Spieler überzeugt sind. Und so testeten zweieinhalb Jahre lang 600 Spieler den Ball für die Weltmeisterschaft 2014. Darunter waren Messi, Schweinsteiger und Zidane. Ohne grünes Licht der 600 Spieler hätte es der Ball nicht zur WM geschafft, was sehr schade gewesen wäre.

Übrigens war der Ball Jabulani ein Verkaufsschlager. Das WM-Jahr 2010 machte den Ball zum beliebtesten Kaufobjekt bei den Fans. Schließlich wurde Jabulani 13 Millionen Mal verkauft. Herzlichen Glückwunsch Jabulani!

Was wohl die Weltmeisterschaft 2022 bringen wird? In jedem Fall hat sie schon eine Überraschung parat. Zugegeben, die WM ist sehr umstritten, doch der kommende Fakt ist wirklich unglaublich. Jede Weltmeisterschaft wird mit einem Eröffnungsspiel begonnen. Im Falle der WM 2022 in Qatar wird dieses Spiel in Lusail stattfinden. Doch diese Stadt gab es bis vor Kurzem noch gar nicht!

Es scheint, als würde es die Weltmeisterschaft schon seit zig Jahrhunderten geben. Dabei ist sie keine 100 Jahre alt. Die erste Fußballweltmeisterschaft fand in Uruguay im Jahr 1930 statt. 13 Nationen durften seinerzeit um den Titel Weltmeister kämpfen. Am Ende hat es dann Uruguay geschafft, den Titel erstmals zu beanspruchen.

Die WM 2002 fand in Japan und Südkorea statt. Wahre Fußballfans wissen das natürlich. Was weniger bekannt ist, ist, dass der Südkoreaner Jung Hwan seinen Job als Fußballer beim AC Perugia verlor, weil er das Siegtor gegen Italien schoss. Der Eigentümer des Vereins begründete die fristlose Kündigung damit, dass er keinen Spieler bezahlen könne, welcher Italien eine Niederlage zugeführt hatte. Verkehrte Welt!

Der Brasilianer Pele ist wohl auch den Nicht-Fußballfans ein Begriff. Kein Wunder, schließlich hat er viele Rekorde erzielt. So zum Beispiel ist er der jüngste Hattrick-Schütze bei einer WM. Mit zarten 17 Jahren schaffte Pele diesen Rekord. Im gleichen WM-Turnier 1958 wurde er übrigens zum jüngsten Torschützen bei einem WM-Finale. Das muss man erst einmal nachmachen!

Kannst du dich noch an das Spiel einer WM mit den meisten Toren erinnern? Das 7:1 von Deutschland gegen Brasilien von der Weltmeisterschaft 2014 war es nicht, obwohl es sehr spektakulär war. Nein. Das Spiel mit den meisten Toren stammt aus dem Jahr 1982 und bot 11 Tore. Ungarn traf auf El Salvador in Spanien und die Ungarn schossen satte 10 Tore, sodass das Spiel 10:1 ausging.

Die Frisur muss sitzen! Doch das zählt nicht nur für die Kopfbehaarung ... der Mann von heute trägt Schnäuzer. So war es zumindest mal. Denn das letzte Mal, dass bei einem WM-Spiel ein Oberlippenbart von einem deutschen Nationalspieler getragen wurde, liegt schon eine Weile zurück. Jürgen Kohler und Rudi Völler trugen als letzte Nationalspieler einen Oberlippenbart.

Eine Liste aus den Fußball-Weltmeisterschaften führt Deutschland eindeutig an: Nämlich die Liste, auf der die meisten Elfmeterschießen zu finden sind. Ganze 4 Mal ließ die deutsche Nationalmannschaft die Fans zittern und bangen. Das beste an der Sache: Sie haben alle 4 Elfmeterschießen für sich entscheiden können. Ob das ein Omen ist?

Die deutsche Nationalmannschaft war längst nicht immer so, wie wir sie kennen. Im Jahr 1938 bei der Weltmeisterschaft in Frankreich stellte man unter Reichstrainer Otto Nerz eine Mannschaft aus 5 österreichischen und 6 deutschen Spielern zusammen. Die Mannschaft war aber eher rivalisierend und so war es auch kein Wunder, dass diese Mannschaft das schlechteste Ergebnis der WM erzielte.

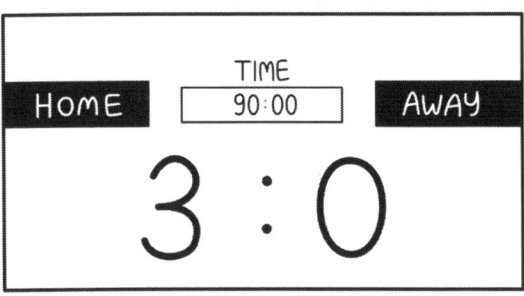

Eine WM ist ein Zuschauermagnet, keine Frage. Auffällig ist jedoch, dass bei einer Weltmeisterschaft weltweit 1,4 Millionen Arbeitnehmer mehr krank sind, als vor oder nach einer WM. Ein Schelm, wer nun Böses denkt.

Diese vielen Menschen werden im Juli 2014 dann auch das Viertelfinale Kolumbien gegen Brasilien gesehen haben und mit diesem Spiel das Foul von Zuniga an Neymar. Dieser springt dem Brasilianer mit voller Wucht mit dem Knie in den Rücken. Neymar war unfähig, weiterzuspielen und musste umgehend ausgewechselt werden. Es stellte sich heraus, dass die Weltmeisterschaft für Neymar damit ein Ende gefunden hatte. Kein Wunder, mit einem Lendenwirbelbruch lässt sich auch nur schwerlich kicken. Zuniga ging übrigens völlig straffrei aus.

Und die WM 2014 hat noch mehr unglaubliches zu bieten. Es ist das Spiel Uruguay gegen Italien. Ob Luiz Suarez ein Vampir ist und gerade Durst hatte? Das haben sich wohl einige gefragt, denn in einem Zweikampf biss er seinem Kontrahenten Giorgio Chiellini kräftig in die Schulter. Zig Millionen Zuschauer sahen das Spektakel und auch Chiellini zeigte dem Schiedsrichter die krassen Bissspuren an der Schulter. Da dieser aber nichts gesehen hatte, ließ er das Spiel einfach weiterlaufen, als wäre nichts gewesen. Chiellini wird fortan wahrscheinlich nur noch mit Knoblauch in der Tasche das Feld betreten – man weiß ja nie.

Jemand sollte dem Niederländer Nigel de Jong Karate nahelegen, mit der Bitte, den Fußball an den Nagel zu hängen. Das waren bestimmt die Gedanken der Spanier beim WM-Finale 2010. Denn mit einem korrekt ausgeführten Karatekick trat de Jong Xabi Alonso in die Brust. Eine rote Karte sieht der Niederländer nicht. Ganz zum Unmut der Zuschauer gab es lediglich gelb. Doch gebracht hat es den Niederlanden nichts - Spanien wurde doch Weltmeister und Alonso hatte sich zum Glück nicht weiter verletzt und konnte den Sieg in vollen Zügen genießen.

Nicht jedes Foul, welches es bei einer Weltmeisterschaft gibt, schafft es nachhaltig in die Köpfe der Zuschauer. Doch ein Foul wird allen noch recht bekannt sein. Wir sind bei der WM 2006. Es ist das Finale, welches zwischen Frankreich und Italien ausgetragen wird. Klingelt es bei dir? Bei Marco Materazzi hat es nach der Kopfnuss von Zinedine Zidane in jedem Fall geklingelt. Der Franzose sieht rot und das gleich auf zwei Weisen. Zunächst soll der Italiener Materazzi seine Familie und insbesondere seine Schwester beleidigt und übel beschimpft haben. Da sieht Zidane das erste Mal rot. Es folgt die Kopfnuss und gleich sieht der Franzose zum zweiten Mal rot. Materazzi kommt wieder auf die Beine, nachdem er melodramatisch zu Boden gefallen war. Unsportlich war es von beiden Seiten in jedem Fall und diese Situation ist vielen Fans bis heute noch gut im Gedächtnis.

Hat sich da ein Lama ins Spiel geschlichen? Das haben wohl die Zuschauer beim Achtelfinale der WM 1990 gedacht, als der deutsche Rudi Völler von dem niederländischen Frank Rijkaard ungesehen vom Schiedsrichter angespuckt wurde. Vorausgegangen ist eine gelbe Karte für ein ziemlich hartes Foul von Rijkaard an Völler. Doch nicht Rijkaard wird vom Schiedsrichter abgemahnt, sondern Völler, da dieser sich über das ekelhafte Verhalten seines Gegenspielers zurecht empörte.

Empörend war auch das Verhalten von Stefan Effenberg, welcher nach seiner Auswechslung den Fans höhnisch grinsend den Mittelfinger zeigte. Das Ganze geschah im Juni 1994 beim WM-Spiel gegen Südkorea. Effenberg wurde zuvor von den Fans ausgepfiffen und es regnete Kommentare unter der Gürtellinie. Der Stinkefinger dürfte es nicht besser gemacht haben.

2006 fand das Qualifikationsspiel zur WM zwischen der Türkei und der Schweiz statt. In der Relegation gewannen die Schweizer 2:0 im Hinspiel. Beim Rückspiel gewannen die Türken jedoch 4:2. Gebracht hat es der Türkei allerdings nichts und sie verpassten die WM. Das muss sie so mächtig frustriert haben, dass es zu einer Massenschlägerei beider Nationalmannschaften inklusive Betreuer kam.

Und ein weiterer Skandal aus der großen Welt der WM soll nun folgen. Dieses Mal ist jedoch Deutschland beteiligt. Wir schreiben das Jahr 1986. Der einstige Bundestrainer Franz Beckenbauer stellt seine

Mannschaft zusammen. Mit von der Partie ist der Torwart Ulli Stein. Doch lange dauerte Steins Aufenthalt in der Nationalmannschaft nicht an. Denn als er den Trainer als Suppenkasper bezeichnete, verschwand Stein von der Bildfläche der folgenden WM. Offiziell hieß es, dass es eine Anweisung von oben war. Ob nicht doch die Entscheidung des Bundestrainers daran schuld war? Wir werden es wohl nie erfahren.

Christiano Ronaldo spielt nun eine Rolle. Es ist das Qualifikationsspiel zwischen Portugal und Irland, welches 0:0 ausging. Aus portugiesischer Sicht war der Trip nach Dublin ziemlich erfolglos und beschämend. Nun war das Spiel gerade vorbei, da sauste ein junges Mädchen auf den Platz und steuerte direkt CR 7 an. Dicht auf ihren Fersen: Die Ordner, um das Mädchen wieder einzusammeln. Doch anstatt den Ordnern freie Bahn zu lassen, winkte der Superstar die Ordner ab und ließ das Mädchen zu sich kommen. Er nahm es sogar in seinen Arm und das Mädchen konnte ihr Glück kaum fassen. Die Zuschauer jubelten und grölten, als Christiano Ronaldo sein Trikot auszog und es dem Mädchen schenkte. Für so viel Herz hat CR 7 es verdient, dass diese Aktion es in dieses Buch geschafft hat.

Seit 1974 wird der aktuelle Pokal bei einer WM vergeben, wie du ihn heute kennst. Zuvor gab es den Coupe Jules Rimet. Dieser ist allerdings nach der dritten WM verloren gegangen oder vielmehr wurde dieser aus einer Vitrine des Weltmeisters Brasilien gestohlen.

Die Schotten sind es, die als erfolgslosestes Team bei einer WM gelten. 8-mal haben Sie sich qualifiziert und jedes Mal war in der Vorrunde Schluss für die Schotten. Zum letzten Mal haben sie vor 20 Jahren an einer WM teilgenommen. Deutschland steht da zum Glück anders da. Denn Deutschland ist das Team, welches die meisten Tore in allen Weltmeisterschaften überhaupt geschossen hat. Sie kommen auf stolze 224 Tore. 221 Tore erzielten hingegen Brasilien und Argentinien kommt auf stolze 141 Tore.

Gastgeber haben einen Bonus? Wahrscheinlich. Doch das gilt nicht für Südafrika. Als einziges Gastgeberland ist Südafrika bereits in der Vorrunde rausgeflogen. Immerhin war der Heimweg nicht so lang!

Kommen wir zum Jahr 1954. Bei dieser WM fand das Spiel mit den meisten Toren statt. Österreich spielte gegen die Schweiz und das Spiel ging als „Hitzeschlacht von Lausanne" in die Geschichte ein. Österreich gewann gegen den Gastgeber mit 7:5. Unglaubliche 12 Tore sind in der Spielzeit gefallen.

Seit 1993 gibt es eine FIFA-Weltrangliste. Interessanterweise hat der Führende der FIFA-Weltrangliste noch nie eine WM gewonnen.

Unnützes Fußball Wissen für
Jungs & Männer

Laut Regeln verhält es sich so, dass der Gastgeber einer WM automatisch auch für die Endrunde qualifiziert ist. Doch bei der WM 1934 war dem nicht so. In diesem Jahr musste sich Italien als Gastgeber erst noch selbst qualifizieren. 4:0 spielten die Italiener beim Hinspiel gegen Griechenland. Die Griechen verzichteten dann auf das Rückspiel, mussten 700.000 Drachmen zahlen und Italien war bei der WM als Gastgeber dabei.

In jedem Kontinent dieser Welt findet früher oder später mal eine WM statt. Das haben Weltmeisterschaften so an sich. Doch Deutschland ist hierbei die einzige Mannschaft aus Europa, die eine WM in Südamerika gewonnen hatte. Sonst gewannen die WMs in Südamerika immer Uruguay, Brasilien und Argentinien.

Bleiben wir in Amerika. Die USA und Fußball, das passt nicht richtig zusammen. Doch als die WM 1994 in den USA ausgetragen werden sollte, machten die Amerikaner gute Miene zum bösen Spiel: sie gaben sich absolut fußballbegeistert. Im Schnitt kamen 68.991 Zuschauer zu jedem Spiel und seit jeher gilt die WM in den USA als jene WM mit dem höchsten Zuschauerschnitt.

1990 ist das WM-Jahr, in dem Ägypten seinen Weg in die lange Abstinenz der Weltmeisterschaft antritt. Erst 2014 tauchen die Afrikaner wieder auf der WM-Bühne auf. Superstars wie Mohamed Salah konnten für ihr Können bestaunt werden. Doch der Torwart Ägyptens war es, der einen Rekord holt. Denn Essam El-Hadary ist im Alter von 45 Jahren zum ältesten Spieler einer WM gekürt worden. Er läuft damit dem Kolumbianer Faryd Mondragon mit 43 Jahren den Rang ab.

Unnützes Fußball Wissen für Jungs & Männer

Luis Monti ist der einzige Spieler bei einer WM, der jemals für zwei Nationen gegen den Ball treten durfte. Zum einen verlor er die WM mit Argentinien im Jahr 1930 mit 2:4 gegen Uruguay und zum anderen gewann er 1934 die WM mit Italien 2:1 gegen die Tschechoslowakei.

Es gibt bis heute nur einen Trainer, der zwei Weltmeistertitel holen konnte. Die Rede ist von Vittorio Pozzo. Der Trainer gewann die WM 1934 und 1938.

Mal gewinnt man und mal verliert man. Doch der Frust der Brasilianer war so groß, dass sie dem Torhüter im Jahr 1950 an ihrer Niederlage gegen Uruguay die Schuld gaben und ihn des Trainingsgeländes verwiesen. Selbst 43 Jahre später, im Jahr 1993 durfte Moacyr Barbosa das Trainingsgelände nicht betreten. Armer Wicht.

Vom armen Wicht zum Torhelden. Bei der WM 1958 schoss der Schwede Just Fontaine 13 Tore bei allen Spielen insgesamt. Er gilt damit nach wie vor als der beste Torschütze einer WM. Witziger Fakt: Eigentlich sollte Fontaine gar nicht mit zur WM. Gut, dass er dabei war. Sonst hätten wir auf diesen Rekord verzichten müssen.

Andrés Escobar nahm mit seiner Mannschaft Kolumbien an der WM 1994 teil. Das entscheidende Vorrundenspiel stand an und der Pechvogel Escobar schoss ein Eigentor – das entscheidende Eigentor. Kolumbien war raus. Nur wenige Tage später wurde er in seiner Heimat erschossen. Der Täter wurde gefasst, doch dieser schweigt sich über die Gründe aus. Wahrscheinlich ist, dass die Wettmafia mit einem Auftragskiller zusammengearbeitet hat. Eine ganz schwarze Stunde der WM!

Unnützes Fußball Wissen für Jungs & Männer

Lothar Matthäus sollte jedem Fan ein Begriff sein. Der deutsche Nationalspieler ist jedoch nicht nur ein Begriff, sondern auch ein Rekordhalter. Er hält den WM-Rekord des Spielers mit den meisten Partien. 25 an der Zahl gehen in den Jahren 1982 bis 1998 auf sein Konto. 5 Spiele davon spielte er sogar als Kapitän und 3 im Finale.

Italiens Abwehrchef Paolo Maldini hat ebenfalls einen WM-Rekord für sich beansprucht. Und zwar hatte er die meisten Einsätze, ohne jemals eine einzige WM gewonnen zu haben. Gleich 23 Mal stand der Italiener auf dem Feld bei einer WM, doch der Titel blieb ihm verwehrt. Und noch ein Rekord gehört ihm: Zuvor ist es keinem Spieler gelungen, bei so vielen Einsätzen kein einziges Tor zu schießen. Na, dann bleiben ihm wenigstens diese beiden Rekordtitel.

Kommen wir vom Abwehrchef zum Torhüter. Denn hier führt Portugal einen Rekord an, genauer gesagt Portugals Torwart Ricardo. 2006 hielt er im Viertelfinale unglaubliche 3 Elfmeter gegen England. Das hatte vor ihm noch kein Torwart zustande gebracht.

2 gelbe Karten bedeutet das Umziehen bei einer WM. Doch Josip Simunic durfte im Jahr 2006 bleiben. Der englische Schiedsrichter musste eine dritte gelbe Karte ziehen, ehe der Spieler endlich das Spielfeld verlassen hatte. Da ist wohl etwas schiefgelaufen.

Karten scheinen bei der WM 2006 sehr beliebt gewesen zu sein und nein, Postkarten waren nicht gemeint. Die Niederlande spielen im

Achtelfinale gegen Portugal und der Schiedsrichter Walentin Iwanow zeigte gleich 4 Mal die gelb-rote Karte. Das sind 4 Platzverweise! Hinzu kamen noch 16 gelbe Karten während des Spiels.

Damit teilt sich das WM-Spiel die meisten Karten mit dem zuvor amtierenden Rekordhalter aus dem Jahr 2002 Deutschland gegen Kamerun.

Rekordtorjäger von allen Weltmeisterschaften zusammen ist niemand anderer als Miroslav Klose. 2014 knackte er den vorangegangenen Rekord des Brasilianers Ronaldo mit 15 Toren. Klose hat ein Tor mehr auf dem Zähler.

Der allererste Torschützenkönig, den es je bei einer WM gab, das war der Argentinier Guillermo Stábile im Jahr 1930 mit 8 Toren.

Indien hatte im Jahr 1950 die Chance, an der Endrunde der WM teilzunehmen. Da sie aber nicht barfuß spielen durften, verweigerten sie die Teilnahme.

8 Jahre später, 1958 fand das Spiel Brasilien gegen England statt. Es ist das erste Spiel einer WM bis dato, welches 0:0 ausgegangen war.

Unnützes Fußball Wissen für
Jungs & Männer

Doping ist mittlerweile jedem ein Begriff und ein jeder weiß, dass Doping im Sport nichts zu suchen hat. Doch erstmalig wurden im Jahr 1966 bei der WM Dopingkontrollen durchgeführt. Jeweils 2 Spieler einer jeden Mannschaften mussten nach dem Spiel Urinproben abgeben.

Bleiben wir im Jahr 1966. Denn bis zu diesem Jahr wurden keine Nationalhymnen vor dem Anpfiff gespielt.

Auch bei der Qualifikation zu einer WM läuft nicht alles glatt und bleibt von Skandalen nicht verschont. So wurde im Jahr 2021 das Qualifikationsspiel Ghana gegen Südafrika ausgetragen. Jedoch wurde Ghana ein skandalöser Elfmeter zugesprochen, der zur Folge hatte, dass Südafrika die Qualifikation verfehlte. Ein Ghanaer ließ sich in der 32. Spielminute theatralisch zu Boden fallen. Obwohl kein Foul zu erkennen war, gab der Schiedsrichter den Elfmeter für Ghana. 0:1 ging das Spiel für Ghana aus. Sie sind bei der umstrittenen WM in Katar also dabei.

Die La Ola-Welle ist heute aus dem Stadion gar nicht mehr wegzudenken. Erstmals bei der WM trat sie 1986 in Erscheinung. In jenen Ländern, in denen englisch gesprochen wird, heißt sie übrigens Mexican Wave. Die WM 1986 fand nämlich in Mexiko statt.

4

Europameister-schaften

Unnützes Fußball Wissen für Jungs & Männer

Die wohl größte Neuentdeckung bei einer Europameisterschaft ist Island. Und gleich der erste Fakt beschäftigt sich mit dieser Nation. Denn bei dem Viertelfinale der EM 2016 in Frankreich waren rund 10 % der Bevölkerung des Landes im Stadion vertreten. Das waren satte 36.500 Isländer, die ihre Mannschaft anfeuerten.

Kommen wir zu dem Eröffnungsspiel, vielmehr zu den Eröffnungsspielen. Denn bisher gab es noch kein EM-Spiel, welches mit einem 0:0 ausgegangen war! Dieser Fakt zählt übrigens auch für die Weltmeisterschaft und dessen Eröffnungsspiele.

Verlassen wir das Eröffnungsspiel und springen ein Stück weiter. In jenen Jahren einer Europameisterschaft, in denen die deutsche Mannschaft mit einem 3:0 im Achtelfinale gewann, gewannen sie auch den Titel.

Am längsten mussten Rumänien und die Schweiz auf den ersten Sieg bei einer EM warten. Ganze 8 Spiele haben die beiden Teams gebraucht, ehe sie ein Spiel gewannen. Rumänien brauchte sogar bis zur EM im Jahr 2000, um gegen England den ersten Sieg verzeichnen zu können.

Die wenigsten Tore wurden bei der EM im Jahr 1968 geschossen. So sind gerade einmal 1,4 Tore pro Spiel gefallen. Es gab bei der EM allerdings auch nur 4 Länder die teilgenommen haben und nur 5 Spiele insgesamt.

Der erste Elfmeter in der Nachspielzeit während einer EM wurde am 21.06.2000 von Gaizka Mendieta (Spanien) geschossen. Spanien spielte gegen Jugoslawien. Der Elfmeter in der Nachspielzeit führte zum kurzzeitigen Ausgleich der Spanier auf 3:3. Später entschied Spanien das Spiel für sich mit 4:3.

Für Deutschland hält Bastian Schweinsteiger den Rekord und zwar mit 16 Endrundeneinsätzen bei einer Europameisterschaft. Damit löste er Philipp Lahm ab, welcher bis dato als Rekordnationalspieler in den Endrunden galt.

Einst war Lothar Matthäus mit 39 Jahren und 91 Tagen der älteste EM-Teilnehmer, so musste er den Platz an den ungarischen Keeper Gábor Király abgeben. Dieser war bei der EM 2016 40 Jahre und 74 Tage alt.

Eine Gruppenphase ohne auch nur einen Sieg zu bestehen und damit auch noch in die K.O.-Spiele zu kommen, hört sich tatsächlich merkwürdig an. So erging es aber Portugal 2016. Denn die Mannschaft hat es als Dritter in die K.O.-Runde geschafft – oder sollte man besser sagen, sie sind in die K.O.-Runde gestolpert? So etwas gab es seitdem nie wieder und gab es auch vorher noch nie.

Weißt du eigentlich seit wann es eine Europameisterschaft überhaupt gibt? Ein kleiner Tipp: Sie ist deutlich jünger als die WM. Eine EM gibt es nämlich erst seit 1960.

Der EM-Pokal ist aus Silber und hört auf den Namen „Henri-Delaunay-Pokal", in Frankreich auch Coupe Henri-Delaunay genannt. Der Pokal wurde nämlich nach dem Begründer der EM getauft. Designt hatte die Trophäe Arthur Bertrand in Paris im Jahr 1960.

Allerdings wurde der Pokal im Jahr 2008 durch eine Siegertrophäe abgelöst. Diese ist rund 10 kg schwerer als der Henri-Delaunay-Pokal und stolze 21 cm groß. Der neue Pokal ist optisch aber sehr ähnlich.

Unnützes Fußball Wissen für Jungs & Männer

Von Jahr zu Jahr steigt die EM in ihrem Marktwert, was die Spieler anbelangt. Den Höhepunkt erlebte sie 2021, als bei insgesamt 600 Spielern ein totaler Marktwert von 10 Milliarden Euro zusammenkam. Eine ganz schön stolze Summe.

Und 2021 hatte noch einen neuen Rekord in petto. Dabei geht es um den Rekord der meisten Eigentore. Zugegeben, es ist ein Rekord, auf den man sicher nicht stolz sein muss. Denn in der Vorrunde gab es bereits 8 Eigentore. Davon waren 2 von der Slowakei und 2 von Portugal in einem Spiel. Chapeau!

CR 7 bestritt die meisten EM-Spiele überhaupt. Ganze 25 EM-Spiele sind es seit 2004 bis 2021. Doch damit nicht genug. Er schoss die meisten EM-Tore insgesamt, nämlich 14 an der Zahl. Rekordvorlagengeber ist er auch noch geworden. So viele Rekorde von nur einem Spieler, das ist rekordverdächtig.

Unnützes Fußball Wissen für
Jungs & Männer

Kommen wir nun zu einem wahrlichen Größenunterschied. Natürlich ist die Größe nicht alles. Und trotzdem sah das Bild sehr skurril aus, als der 1,63 m große Italiener Lorenzo Insigne auf den Torwart aus Kroatien, Lovre Kalinic, mit 2,01 m traf. Das macht einen Unterschied von satten 38 cm! Die Durchschnittsgröße bei einer EM ist übrigens 183,7 cm.

Und da wir gerade bei Unterschieden sind: Auch dieser Kontrast kann wahrlich interessant sein. Denn der größte Kontrast, der je bei einer EM erzielt wurde, liegt bei 21 Jahren! Der 38-jährige niederländische Nationaltorwart Maarten Stekelenburg traf auf den polnischen Mittelfeldspieler Kacper Kozlowski, welcher zarte 17 Jahre alt war. Mit 17 Jahren und 246 Tagen zählt dieser übrigens auch als der jüngste Spieler einer EM überhaupt.

Schauen wir uns alle Europameisterschaften an, so braucht sich die deutsche Nationalmannschaft nicht zu verstecken. Denn gleich 13 Mal fand Deutschland den Weg in die EM-Endrunde und war demnach so oft dabei wie keine andere Mannschaft. Auch die meisten EM-Spiele gehen auf die Kappe von Deutschland. Ganze 49 Spiele spielten die Deutschen bei den Europameisterschaften. 26 Siege trugen sie dabei vom Feld. Und wiederum 19 Mal kamen sie in die K.O.-Runde, wovon sie stolze 13 Mal gewonnen haben. Ganze 6 Mal davon haben Sie im Finale gekickt.

Der Torhüter der englischen Nationalmannschaft Jordan Pickford hält auch einen Rekord. Er hat in seinen ersten 5 Spielen bei der EM 2021 kein Gegentor kassiert. Das ist ein EM-Rekord!

Die meisten Tore in einem EM-Spiel, darum soll es nun gehen. Und dieser Rekord, 9 Tore insgesamt, ist gleich bei der ersten EM aufgestellt worden. Es spielten seinerzeit Jugoslawien gegen Frankreich und das Spiel endete 5:4.

Der Heimvorteil ist doch ein sicherer Garant dafür, dass man als Europameister im eigenen Land aus dem Turnier hervorgeht oder doch nicht? Tatsächlich haben das in der Geschichte der EM nur 3 Vereine geschafft. Das waren im Jahr 1964 die Spanier, im Jahr 1968 die Italiener und 1984 die Franzosen.

Ein besonders skurriler Fakt erwartet dich nun. Wenn der Vizeweltmeister bei einer EM mitspielt, dann ist er ja klar der Favorit! Doch wenn du darauf wettest, dann solltest du dich besser umentscheiden. Denn seit 1996 hat es kein Vizeweltmeister mit europäischen Wurzeln geschafft, auch eine Europameisterschaft zu gewinnen. Ganz im Gegenteil. Der Vizeweltmeister ist schon immer in der Vorrunde ausgeschieden. Nur Kroatien konnte diese Serie einmal unterbrechen.

Andersherum sieht die Statistik besser aus. Ein Europameister musste bei der folgenden WM noch nie die Heimreise nach der Gruppenphase antreten.

Strafe muss sein. So erging es Simone Zaza 2016 bei der EM. Der Italiener war am Zug. Er sollte den Elfmeter gegen Deutschland schießen. „Das ist doch ein Kinderspiel!", muss sich Zaza gedacht haben und piaffierte zum Ball, nur um den Ball nach dieser Meisterleistung übers Tor zu schießen. Dressurreiten oder Fußball ... der gute Zaza sollte sich entscheiden. Allerdings ging er damit in das Geschichtsbuch der lustigsten Elfmeter überhaupt ein. Dirk Nowitzki imitierte bei einem Benefizspiel den Italiener gekonnt. Was für eine Hommage.

Die EM 2020, auch Euro 2020 genannt, wurde nicht im Jahr 2020 ausgetragen, wenngleich dies eigentlich das Bestimmungsjahr war. Sie wurde coronabedingt auf das Jahr 2021 verlegt, behielt aber den Namen Euro 2020 bei. Das geschah nicht zufällig, sondern hatte einen Grund mit einem wichtigen Jubiläum hinten dran: 2020 sollte sich die EM zum 60. Mal jähren.

Einst fand die EM in nur einem Land statt. Mittlerweile hat sich das jedoch gewandelt und es sind auch mal mehrere Länder an der Austragung der Europameisterschaft beteiligt. Diese Idee stammt von dem UEFA-Präsidenten Michel Platini, der ursprünglich an 12 Städte in jeweils 12 Ländern gedacht hatte, in denen eine EM künftig ausgetragen werden sollte. Damit sollte die EM als paneuropäisches Turnier untermalt werden. Und so kommt es, dass sich nun mehrere Gastgeber für eine EM bewerben können.

Die Corona-Pandemie hatte die ganze Welt fest im Griff. Und so kommt es, dass auch die Regeln für die EM 2020 beziehungsweise 2021 angepasst werden mussten. Erstmalig in der Geschichte bestand ein Kader nun nicht mehr aus 23 Spielern, sondern aus 26 Spielern.

Während der Europameisterschaft 2021 können Spieler nachnominiert werden, sofern eine Erkrankung mit Corona oder eine schwere Verletzung dafür sorgt, dass Spieler nicht am Turnier teilnehmen können. So eine Nachnominierung ist aber nur bis zum ersten Gruppenspiel möglich. Danach ist der Zug abgefahren. Ausnahme bildet hier der Torhüter. Dieser kann, sofern triftige Gründe vorliegen, jederzeit nachnominiert werden. Wurde ein Spieler aber erst einmal aus dem Kader verbannt, so kann er nicht zurückkommen.

Übrigens ist es auch nicht so, dass bei einer EM ausschließlich UEFA-Schiedsrichter pfeifen. Durch ein Austauschprogramm kommt es dazu, dass auch Schiedsrichter des südamerikanischen Verbands CONMEBOL ein Spiel anführen. Übrigens sind auch Schiedsrichterinnen, wie Stephanie Frappart mit von der Partie.

Man könnte meinen, die Deutschen haben die Regeln einer EM festgelegt. Zumindest mutet dieser Fakt so an, denn im Regelwerk findet sich unter Artikel 32 folgende Regelung des Rasens: "Die Rasenhöhe bei Naturrasen sollte grundsätzlich höchstens 30 mm betragen, und die gesamte Rasenfläche muss gleich hoch geschnitten sein. Die Rasenhöhe sollte für die Trainingseinheit und das Spiel die gleiche sein."

Eine Nationalhymne dauert so lange wie sie dauert? Falsch gedacht! Die EM-Statuten sehen vor, dass eine Nationalhymne maximal 90 Sekunden angestimmt werden darf. Das zählt übrigens auch für die WM.

EM 2008. Deutschland spielt gegen die Türkei und Millionen von Fans verfolgen das spannende Spiel vor dem Fernseher. Erinnerst du dich noch, was geschehen war? Genau, plötzlich war das Bild weg! Ein Blitzeinschlag sorgte dafür, dass der Kommentator Béla Réthy zum Moderator wurde und das Fußballspiel sehr detailliert wiedergeben musste. Gebracht hat es was, denn Deutschland gewinnt 3:2.

Unnützes Fußball Wissen für
Jungs & Männer

Weißt du, wer erster Europameister wurde? Es war die UdSSR im Jahr 1960. Die UdSSR gewann aber nicht sofort, sondern erst in der Verlängerung. In der 114. Minute schoss Wiktor Ponedelnik das entscheidende Siegtor. Das Spiel ging 2:1 aus.

Die erste Europameisterschaft wurde übrigens in Frankreich ausgetragen. Insgesamt 17 Mannschaften nahmen an dem Turnier teil und vier kamen in die Endrunde. Hauptaustragungsort war Paris.

Rainer Bonhof ist der Spieler einer EM, der die meisten Titel mit seiner Mannschaft erreichen konnte. Er wurde 2 Mal Europameister und einmal Vize-Meister.

Im Jahr 1984 schaffte Michel Platini aus Frankreich den ersten Hattrick bei einer Europameisterschaft. Im selbigen Jahr schoss er auch die meisten Tore bei einer EM, ganze 9 Stück an der Zahl.

Tore sind immer gut. Sie halten das Spiel am Leben und sorgen für Spannung. Fragst du dich auch gerade, welches das Finale mit den meisten Toren war? Es stammt aus den Jahren 2012 und 1976. In beiden Jahren fielen 4 Tore in der regulären Spielzeit. Im Jahr 2012 war es das Finale Spanien gegen Italien, welches 4:0 ausging. Im Jahr 1976 war es nach der Verlängerung das Spiel BRD gegen Tschechoslowakei mit einem Stand von 2:2.

Da es aber einen Sieger geben muss, musste Deutschland dann ins Elfmeterschießen. Und auch hier bleiben Sie Rekordhalter für das torreichste Spiel mit Elfmeterschießen. Denn es ging am Ende 5:4 für die Tschechoslowakei aus. Uli Hoeneß verschoss seinerzeit den entscheidenden Elfer.

Unnützes Fußball Wissen für
Jungs & Männer

Um Tore zu schießen, muss der Ball aber erst einmal am Torwart vorbei, dessen Aufgabe es ist, genau das zu verhindern. Der größte Torwart-Pechvogel einer EM ist der tschechische Torwart Petr Cech. Ganze 21 Gegentore ließ er zu. Am Ende trat er dann aus der Nationalmannschaft zurück.

Die EM ist etwas Besonderes. Gerade bei der ersten EM war noch alles neu und überall lauerten Rekorde, die zum größten Teil im Laufe der Zeit geknackt wurden. Einen Titel kann man aber nicht nehmen und das ist der Titel des ersten EM-Tores. Das geht auf das Konto des Jugoslawen Milan Galic im Eröffnungsspiel am 6.7.1960.

Das erste Spiel ist bis heute übrigens legendär und das nicht nur wegen des ersten Tors. Frankreich führte gegen Jugoslawien bis zur 75. Minute 4:2. Doch binnen 3 Minuten sollte sich das grundlegend ändern. Denn die Jugoslawen drehten das Spiel, sodass es am Ende 4:5 für Jugoslawien ausging. Die Franzosen waren entsetzt.

Einen Platzverweis bei einer Fußball-EM zeigte ein Schiedsrichter zum ersten Mal bei der 3. EM im Jahr 1968. Es traf den Engländer Alan Mullery im Spiegel gegen die Jugoslawen.

Im Achtelfinale im Jahr 2016 muss einiges schief gelaufen sein. Denn hier gab es den schnellsten Elfmeter einer EM überhaupt. Ganze 1:58 Minuten lief das Spiel, als der Schiedsrichter einen Elfmeter anordnete. Robbie Brady aus Irland verwandelte diesen dann auch.

Das erste und letzte golden Goal bei einer EM wurde im Jahr 1996 von Oliver Bierhoff geschossen. Das ist ebenfalls ein Rekord!

Unnützes Fußball Wissen für
Jungs & Männer

Schauen wir uns mal die Statistik an. Es kann bei einer EM eben nur Gewinner und Verlierer geben. Der größte Verlierer ist hierbei allerdings Dänemark. Von 33 gespielten Spielen verloren sie gleich 17.

Und auf der Gewinnerseite? Die meisten gewonnenen Elfmeterschießen haben die Tschechen für sich beansprucht. 3 Mal mussten Sie zum Elfmeterschießen und allesamt haben sie gewonnen. Herzlichen Glückwunsch.

Wer nicht so im Elfmeterschießen glänzt, das sind die Engländer. Bei einer EM mussten Sie bisher 5 Mal antreten und haben davon 4 Mal verloren.

Ein Evergreen bei einer EM sind und bleiben die Portugiesen. Die Nationalelf aus Portugal ist seit 1984 bei jeder EM bis zur K.O.-Runde gekommen!

Bei einer EM gewannen die Engländer nur ein einziges Auftaktspiel von insgesamt 12 absolvierten Auftaktspielen. Das war im Jahr 2021.

Die Franzosen wiederum scheinen gerne die Gastgeber zu sein. Ganze 3 Mal fand die EM in ihrem Land statt. Das waren die Jahre 1960, 1984 und 2016.

Unnützes Fußball Wissen für
Jungs & Männer

Nicht nur die WM lockt viele Menschen ins Stadion. Die EM steht dem in nichts nach. Und so ist die EM mit den meisten Zuschauern im Schnitt die EM aus dem Jahr 1988, wo Deutschland Gastgeber war. Rund 56.656 Menschen schauten durchschnittlich bei dem Kampf um die beste Nationalmannschaft Europas zu.

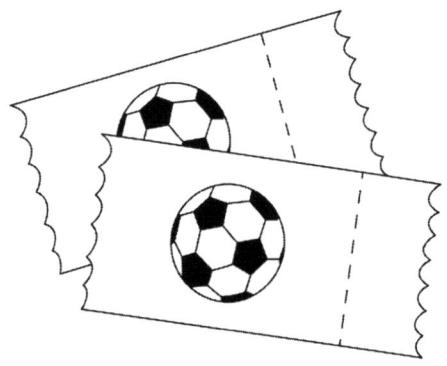

5

Deutscher Fußball und seine Ligen

Unnützes Fußball Wissen für
Jungs & Männer

Die Bundesliga ist auch mit vielen interessanten Fakten versehen, die kaum einer kennt. Oder wusstest du, dass in der Spielsaison 2013/2014 rund 8342 Mal aufs Tor geschossen wurde? 630 Schüsse gehörten davon zu den Bayern, die damit die Liste anführten. Die Bremer standen mit 367 Torschüssen auf dem letzten Platz.

So viel zu den Männern. Und was ist mit Frauenfußball? Dieser wurde in den letzten Jahren zunehmend populär. Dabei mussten sich die Damen das hart erkämpfen. Der DFB hatte bis zum 31.10.1970 nämlich ein Verbot für Frauenfußball ausgesprochen. Erst dann wurde dieses Verbot gekippt und die Füße der Ladies durften auch an den Ball – allerdings ohne Stollen an den Schuhen, mit einem kleineren und leichteren Ball und das Ganze auch nur für 70 Minuten. Zum Glück gehören solche Merkwürdigkeiten der Vergangenheit an.

Doch was der Fußball heute alles zu bieten hat, neben Fanunterhaltung, ist schon enorm. Ein ganzer Wirtschaftszweig ist um den Fußball entstanden. Laut einem Bundesligareport aus dem Jahr 2013 der DFL (Deutsche Fußball Liga) erhielten 44.284 Menschen durch den Fußball direkt und indirekt ihren Job in der 1. oder 2. Bundesliga. Fußball ist also mehr als nur Unterhaltung und Spaß. Hier geht es um Arbeitsplätze!

Und genau diese Jobs werden auch benötigt! Denn wenn der Pfiff zu einem Spiel in der Bundesliga ertönt, dann sind es nicht nur die Menschen in Deutschland, allen voran die Fans der Vereine, die gebannt das Spiel verfolgen. In exakt 209 Mitgliedsstaaten der FIFA werden die Bundesligaspiele aus Deutschland übertragen und erfreuen sich allergrößter Beliebtheit. Nicht umsonst kommen 450.000 Sendestunden pro Saison zusammen!

Unnützes Fußball Wissen für
Jungs & Männer

Und damit die Sendezeit nicht übermäßig strapaziert wird und ein flüssiges Spiel garantiert werden kann, auch dann, wenn der Ball ins Aus kullert, gibt es natürlich die Balljungen. Bei jedem Bundesligaspiel sind 12 Balljungen und -mädchen mit von der Partie. Sie unterstehen ihrem Betreuer und diesem Team sollten wir unbedingt einmal danken! Kaum vorzustellen wie es wäre, müssten die Spieler erst den Ball suchen, ehe das Spiel weitergehen könnte.

Apropos Balljungen. Wusstest du, dass es Balljungen gab, die später Profi-Fußballer wurden? Nein? Philipp Lahm beispielsweise war vor seiner Profizeit Balljunge beim FC Bayern München und Pepp Guardiola war vor seiner steilen Profizeit Balljunge beim FC Barcelona. Ein netter Gedanke: Vom Balljungen zum Fußballstar!

Ob zuvor als Balljunge oder ein entdecktes Talent im Amateur- oder Jugendbereich: Die Regeln des Fußballs gelten für alle gleichermaßen. Und so sehen die Regeln des DFB so aus, dass ohne Schuhe kein Fußball gespielt werden darf. Wagt es doch jemand, barfuß oder nur in Socken während eines Spiels gegen das Leder zu treten, so gibt es einen indirekten Freistoß für die gegnerische Mannschaft.

Unnützes Fußball Wissen für
Jungs & Männer

Wir schreiben das Jahr 2009. Der HSV spielt gegen Bremen in der Europa-League. Es ist das Halbfinal-Rückspiel und die Stimmung ist ausgelassen. Der Spieler des HSV, Michael Gravgaard schoss aufs Tor. Doch was war das? Der Ball landete im Tor-Aus. Schnell wurde das Übel gefunden. Ein Papierkügelchen lenkte den Ball in eine andere Richtung. Pech gehabt, denn die Bremer durften weiter ins Endspiel. Und die Hamburger? Nun, der Skandal des Papierkügelchens hat noch lange für dicke Luft in Hamburg gesorgt, weil die Situation entscheidend war.

Würde man Fußball mit der Hand spielen, dann wäre es Handball. Logisch, oder? Doch gerade die Hand, die eigentlich nichts am Fußball zu suchen hat, steht im Mittelpunkt einiger Skandale. So zum Beispiel am 21.08.1982. Uwe Reinders, Spieler von Werder Bremen, sollte einen Einwurf machen. Diesen führte er so gut aus, dass der Ball ungehindert bis in den 5-Meterraum kam und dann den Torwart Bayerns, Jean-Marie Pfaff an die Finger kam. Dieser hielt den Ball nicht, sondern sorgte dafür, dass der Ball weiter ins Tor befördert wurde. Ein Handtor beim Fußball! Übrigens gewann Bremen gegen Bayern mit 1:0 durch dieses aufsehenerregende Tor.

Und ein Pechvogel hatte wohl viele schwarze Tage. Von 1975 bis 1977 lief Peter Kursinski für die Bochumer insgesamt 10 Mal auf. Bei jedem Spiel, welches Kursinski mit bestritt, verlor Bochum. Ob das Pech wohl heute noch an dem armen Spieler haftet?

Doch wer nun denkt, dass das Pech von Kursinski wahrhaft unglaublich ist, der muss sich gefasst machen. Denn beim Fußball lebt es sich gefährlich. So wurde die Sky-Moderatorin Jessica Kastrop schon 3 Mal von einem Ball am Spielfeldrand getroffen: 2009 in Burghausen, 2010 in Stuttgart und zu guter Letzt im Jahr 2014 in Leverkusen.

Bayernfans aufgepasst: Es gibt tatsächlich einen Flughafen mit dem internationalen Kürzel FCB. Dabei landet der Flieger aber nicht in der Allianzarena, sondern in Südafrika, genauer gesagt in Ficksburg.

Hast du dich schon einmal gefragt, was Fußballer nach ihrem Karriereende machen? Manche werden Trainer, andere studieren und wieder andere sind arbeitslos. Ex-Fußballstars, die keine weitere Anstellung haben, müssen sich wie alle anderen arbeitsuchenden Menschen auch, beim Arbeitsamt melden. Dort werden diese dann unter Künstler geführt.

Der gute alte Vokuhila (Abkürzung für vorne kurz, hinten lang) hat es dank des Fußballs weit gebracht. Von Deutschland aus erstürmte er die Welt und ist auch heute noch in vielen Sprachen weltweit vertreten. Glaubst du nicht? Auf Italienisch heißt er „capelli alla tedesca" („Haare nach deutschem Stil"), auf Niederländisch „duitse mat" („deutsche Matte") und auf Ungarisch wird er sofort „Bundesliga" genannt. Ist das nun gut oder schlecht?

Noch ein interessanter Fakt aus dem Fußball gefällig? Fußballer sind auch nur Menschen und haben ihre Bedürfnisse. Wenn ein Torwart während eines Spiels dringend das stille Örtchen aufsuchen muss, so wird das Spiel unterbrochen. Muss ein Feldspieler jedoch dringend für Könige, dann läuft das Spiel einfach weiter. Hast du das schon einmal bei einem Spiel erlebt?

Unnützes Fußball Wissen für Jungs & Männer

Liebe Leverkusenfans, bitte seid jetzt stark. Ihr habt eine tolle Mannschaft, keine Frage, und es ehrt euch, dass ihr international keine unbekannten Gesichter seid. Besonders in Spanien seid ihr bekannt – jedoch unter dem Namen „Las Aspirinas".

Der nächste Punkt, den ich dir vorstellen möchte, dürfte wohl eine Aspirin vertragen haben. Denn ein spektakuläres Foul ist der Grund hierfür. In der 85. Minute bei dem Spiel Stuttgart gegen Wolfsburg führt Stuttgart mit 1:0. Der Wolfsburger Torwart Koen Casteels kommt aus seinem Tor geschossen, will er doch das 2:0 verhindern. Er nimmt also Anlauf, reckt die Fäuste nach vorne und haut den Ball am 11 Meterpunkt weg. Leider hat der Torwart während des Abwehrversuchs mit seinem Knie den Stuttgarter Kapitän Genter direkt ins Gesicht getroffen. Benommen vom Treffer des Torwarts fällt dieser zu Boden und schlägt außerdem noch einmal mit dem Kopf auf. Er bleibt bewusstlos am Boden liegen und der Schiedsrichter? Der pfeift natürlich nicht. Der Mannschaftsarzt erkennt jedoch den Ernst der Lage und rennt unaufgefordert auf das Spielfeld. Und das keine Sekunde zu spät. Denn der Arzt rettet dem Spieler das Leben, als er ihm die Zunge aus dem Hals holt. Andernfalls wäre Genter erstickt. Weiter trug er viele Schädelverletzungen davon und er musste sich einigen Operationen unterziehen. Was nun ist aber spektakulär an dieser Situation? Der Schiedsrichter entschied, dass es für den Torwart keine Karte geben sollte. Für Stuttgart gab es auch keinen 11 Meter, noch nicht einmal einen Freistoß. Das Spiel wurde einfach fortgesetzt. Und genau wegen dieses Unfalls streiten sich nun die Schiedsrichter, wie in so einer Situation gepfiffen werden soll.

Wie aus einem Horrorfilm mutete das Foul in dem Spiel Werder Bremen gegen Arminia Bielefeld am 14.08.1981 an. Norbert Siegmann hat den Ball und stürmt auf das Tor der Arminen zu. Ewald Lienen stellt sich mutig entgegen, will den Ball abfangen. Doch Siegmann stürmt einfach weiter. Lienen geht zu Boden und was die Zuschauer und Spieler dann zu sehen bekamen, war ein Albtraum sondergleichen. Der Oberschenkel des Arminen war 25 cm aufgeschlitzt und der Riss war so tief, dass selbst die weiße Muskelhülle zu sehen war. Siegmann hingegen erhielt für dieses Foul lediglich die gelbe Karte. Nicht nur die Verletzung des Arminen war im negativen Sinne spektakulär, sondern auch, dass dieses Foul am Ende vor Gericht landete. Freispruch auf ganzer Linie. Als das Rückspiel dann kam, ließ der Bremer Trainer Rehhagel Siegmann vorsichtshalber in Bremen. Die Arminen, sowie die schwarz-weiß-blauen Fans waren nicht gut auf Bremen zu sprechen.

Im November 2019 stand das Spiel Freiburg gegen Frankfurt unter einem chaotischen Stern. Manch ein Zuschauer fragte sich, ob er nicht im falschen Stadion wäre. Rugby wäre wohl angemessener für das gewesen, was die Mannschaften präsentierten. Denn es kam zu gleich zwei roten Karten auf einmal, einem Body-Check und einer Rudelbildung, wie man sie schon lange nicht mehr gesehen hat. Kurz vor Abpfiff des Spiels brettert David Abraham in den Freiburger Trainer Christian Streich. Der Spieler erhält dafür die rote Karte. Das wollten die Freiburger nicht auf sich sitzen lassen und so stürmten die Spieler auf Abraham zu – allen voran Vincenzo Grifo, der dafür ebenfalls die rote Karte sah. Rugby oder Fußball?

Einen besonders interessanten Abflug machte auch der Trainer von Duisburg im Dezember 2015. Duisburg und Köln treten gegeneinander an. Norbert Meier, Cheftrainer beim MSV und der Kölner Spieler Albert stritten sich am Spielfeldrand. Stirn an Stirn führten die zwei eine hitzige Diskussion. Die Aufmerksamkeit der Kameras und des Stadions waren nunmehr an der Seitenlinie gebannt. Denn Norbert Meier holt aus und verteilt eine ordentliche Kopfnuss an Albert. Doch nicht Albert ging zu Boden, nein! Meier sah die Aufmerksamkeit der Kameras auf sich gerichtet, zog eine theatralische Grimasse und sank heldenhaft zu Boden. Eine Schwalbe wie sie im Lehrbuch stehen könnte. Peinlich war's für Duisburg und diese zogen ihre Konsequenzen: Meier wurde gesperrt und ist seinen Job als Trainer bei Duisburg los. So viele Flugszenen in einem Bild gibt es wohl selten zu sehen.

Tierisch geht es ebenfalls in diesem Fall zu. Diesmal geht es nicht um eine Schwalbe, sondern um eine Sau, genauer gesagt „blöde Sau"! So wurde der Schiedsrichter May Klauser im Mai 1974 von Erwin Kremers beschimpft. Die Emotionen kochten bei dem letzten Spiel der Saison zwischen Schalke und Kaiserslautern hoch. Kremers war mit der

Leistung des Unparteiischen wohl absolut nicht einverstanden. Als der Schiedsrichter ihn dann nochmals nach den Worten des Spielers fragte, entgegnete dieser: "Also jetzt noch mal für Doofe: Sie sind eine blöde Sau." Kremers bekommt natürlich die rote Karte, ist für 14 Wochen gesperrt und der damalige Bundestrainer Helmut Schön strich ihn aus dem Kader für die WM 1974. Das war wirklich saudumm von Erwin Kremers!

Man kennt die großen Vereine: Bayern, Dortmund, Leipzig. Doch der Grundstein für den Fußball wurde nicht in einer dieser Städte gelegt. Tatsächlich stammt die Wiege des Fußballs aus Braunschweig. Der Lehrer Konrad Koch wusste um die Notwendigkeit von Sport bei seinen Schülern Bescheid. Und so führte er den Turnunterricht im Jahr 1872 ein. Sein Kollege August Hermann war davon ganz begeistert und brachte aus England nicht nur einen Fußball, sondern auch das Spiel Fußball mit nach Braunschweig. 1874 wurde also erstmals Fußball in Deutschland gespielt und 1875 wurden die ersten Regeln zum Fußball offiziell bekannt gegeben. Von Braunschweig aus eroberte der Fußball also Deutschland. Noch heute zählen einige Regeln aus damaliger Zeit.

Den Platz für den Rekordaufsteiger in die Bundesliga teilen sich übrigens die Vereine 1. FC Nürnberg und die DSC Arminia Bielefeld. Ganze 8 Aufstiege in die Bundesliga können die Vereine vorzeigen (Stand 2022).

Rekordabsteiger wiederum ist ebenfalls der 1. FC Nürnberg. Gleich 9-mal ging es abwärts in die zweite Bundesliga. Allerdings kamen sie 4 Mal direkt wieder zurück in die 1. Bundesliga.

4 direkte Wiederaufstiege sind nicht schlecht. Der Rekord liegt aber nicht beim 1 FC Nürnberg, sondern beim VfL Bochum. Der Verein kommt auf 5 direkte Wiederaufstiege.

Ein Aufstieg gelingt aber nicht nur den Spielern, sondern auch dem Trainer, der die Mannschaft in Deutschlands höchste Spielklasse führt. Der Aufstiegstrainer schlechthin ist Friedhelm Funke. Mit 6 Mannschaften stieg er auf: 1992 und 1994 mit Uerdingen, 1996 mit Duisburg, 2003 mit Köln, 2005 mit Frankfurt und zum letzten Mal mit Düsseldorf im Jahr 2018.

Vom Rekordaufsteiger kommen wir zu dem Club, der die meisten Spiele in der 2. Bundesliga absolvierte. Und dieser Titel geht an den SpVgg Greuther Fürth (Stand 2022). 1129 Spiele kommen auf das Konto der Fürther.

Selbiger Verein schoss ebenfalls die meisten Tore in der 2. Bundesliga. Auf stolze 1677 Zähler kommen die Fürther (Stand 2022). Das macht 1,49 Tore pro Spiel.

Den Saison-Torrekord der zweiten Liga hält aber jemand anders, nämlich Hertha BSC. Zugegeben, der Rekord liegt schon ein paar Tage zurück, er stammt aus dem Jahr 1980/81, doch schossen die Berliner in 42 Spielen rund 123 Tore.

Während Hertha BSC ebenfalls die meisten Siege in der Saison 1980/81 einfuhr, ist dagegen der Verein mit den wenigsten Siegen FK Pirmasens. In der Saison 1977/78 gelang der Mannschaft exakt ein Sieg von insgesamt 38 Spielen. Einmalig in der Geschichte des deutschen Profifußballs.

Und noch einen Rekord haben die Pirmasenser inne: Den Rekord für die meisten Gegentore in einer Saison. Der Rekord wurde ebenfalls 1977/78 aufgestellt und beläuft sich auf 120 Gegentore.

Die meisten Heimsiege der zweiten Liga verzeichnen wiederum gleich 4 Vereine: 18 an der Zahl. Die Vereine für diese Leistung lauten FC 08 Homburg (1976/77), Arminia Bielefeld (1979/80), Hertha BSC (1980/81) und Werder Bremen (ebenfalls 1980/81)

Und wie sieht es mit Rekorden in der Bundesliga aus? Der deutsche Meister seit 2013 lautet FC Bayern München. Damit ist der Verein 10 Mal hintereinander Meister geworden und hält an dem Rekord fest. Den größten Meistervorsprung haben die Bayern ebenfalls, nämlich mit 25 Punkten auf Platz 2.

Doch ein ganz besonderer und außergewöhnlicher Rekord geht nicht an die Bayern, sondern an den 1. FC Kaiserslautern. Die Mannschaft schaffte in der Saison 1997/98 nicht nur den Aufstieg in die Bundesliga. Sie marschierten auch direkt durch und wurden in der selbigen Saison deutscher Meister.

Die meisten Tore in der Bundesliga schoss Gerd Müller in seinen 427 Spielen für den FCB. 365 Tore gehen auf sein Konto.

Die meisten Spiele überhaupt absolvierte Karl-Heinz Körbel von der Eintracht Frankfurt. Ganze 602 Spiele absolvierte er im Trikot der Frankfurter.

Der älteste Spieler der deutschen Bundesliga ist bis heute Klaus Fichtel. Bei seinem letzten aktiven Einsatz war er 43 Jahre und 184

Unnützes Fußball Wissen für Jungs & Männer

Tage alt. Seinen letzten Einsatz trat Fichtel im Trikot des FC Schalke 04 an. Dann war Schluss.

Fairplay – das ist eigentlich eine Selbstverständlichkeit. Vom Platz wird nur derjenige verwiesen, der eine rote Karte kassiert und das geschieht in der Regel nicht ohne Grund. Jens Nowotny und Luis Gustavo hatten es anscheinend nicht so mit dem Gedanken des Fairplays. Beide Spieler kassierten 8 Platzverweise und halten damit den Rekord für die meisten Platzverweise der Bundesliga.

Und was ist mit den Trainern? Der Trainer, welcher die meisten deutschen Meisterschaften gewann, ist Udo Lattek. Geht man von den gewonnenen Meisterschaften aus, so kann man ruhigen Gewissens festhalten, dass er der erfolgreichste deutsche Trainer der Bundesliga ist. Insgesamt schaffte er es 8 Mal, den Titel zu holen.

Der erste deutsche Fußballverband wurde 1890-1892 gegründet. Zuvor gab es viele kleine Verbände, welche hauptsächlich regional tätig waren. Der neue Dachverband nannte sich BDF, was für Bund deutscher Fußballspieler stand. Es wurde eine Meisterschaft ausgetragen, welche der Berliner FC Germania 1888 für sich entschied. Der DFB kam erst 1900 ins Spiel.

Der Fußball nahm rasant an Fahrt und Beliebtheit auf. Bereits 1894 wurden die ersten Länderspiele von Deutschland gegen England und gegen die Niederlande ausgetragen.

Der DFB war 1904 noch sehr jung. Mit zarten 4 Jahren wollte der DFB es aber wissen und trat der FIFA bei.

In Folge dessen fand das erste offizielle Länderspiel im Jahr 1908 statt. 3.500 Zuschauer sahen dem Spiel Schweiz gegen Deutschland zu. Deutschland verlor gegen das Nachbarland mit 5:3.

Mit der Etablierung des DFB wurden auch allmählich die Ligen gegründet. Zunächst wurden regionale Vereine in Bezirksligen zusammengefasst. So kam es, dass es im Jahr 1905 rund 500 1. Ligen in Deutschland gab. Erst in den Jahren 1933 - 1945 wurde erstmals die sogenannte Gauliga eingeführt.

Der DFB-Pokal ist noch heute ein Highlight und ein Muss für jeden Fußballfan. Je 18 Mannschaften aus der 1. und 2. Bundesliga, den 3 bestplatzierten aus der dritten Liga sowie 24 Verbandspokalsieger spielen um den begehrten Sieg als DFB-Pokalsieger – jedes Jahr aufs Neue, seit 1935. Der erste DFB-Pokalsieger war übrigens der 1. FC Nürnberg, welcher gegen Schalke 04 0:2 im Jahr 1935 gewann.

Viele Ligen hat der deutsche Fußball bereits gesehen. International angesehen ist die 1. Bundesliga. Doch diese gibt es erst seit 1963! Hermann Neuberger, damaliger DFB-Präsident rief die Liga ins Leben. Sie setzte sich aus 16 Teams zusammen, wovon jeweils 5 aus der Oberliga Süd, West und Nord stammten. Ein Team aus der Berliner Stadtliga durfte ebenfalls mit in die neugegründete Bundesliga.

Die noch junge Bundesliga musste aber im Alter von fast 10 Jahren einen herben Skandal einstecken, der noch heute eklatant berühmt ist. Aufgedeckt hat diesen Skandal der Präsident der Offenbacher Kickers: Ein harter Abstiegskampf war im vollen Gange. Doch hier wurde manipuliert. 18 Spiele aus 8 Spieltagen waren abgesprochen und so überschatteten die Absprachen die Saison 70/71. 52 Spieler, 2

Unnützes Fußball Wissen für
Jungs & Männer

Trainer und 6 Funktionäre sprachen die Spielergebnisse im Vorfeld ab. Besonders mitgemischt haben die Arminen. Gemeinsam mit Offenbach wurde Bielefeld die Lizenz für die 1. Bundesliga entzogen.

Vom größten Skandal zum Rekord in der Bundesliga. Im Jahr 1978 wurde der jemals höchste Sieg der Bundesliga verzeichnet. Borussia Mönchengladbach schlug die Borussen aus Dortmund mit sage und schreibe 12:0.

3 Punkte gibt es für einen Sieg. Das ist nicht wirklich der Rede wert, sondern ein klares Fußballgesetz. Doch das Gesetz zählt in der Bundesliga erst ab dem Jahr 1995! Mit der Saison 1995/1996 gab es erstmals 3 Punkte für den Sieger. Der Hintergedanke war, dass die Bundesliga an Attraktivität gewinnen sollte, waren die Spiele bis dato eher unattraktiv mit wenig Angriffswillen, glaubt man den Meinungen der Entscheidungsträger.

Zum Schluss möchte ich dir den ältesten Hasen der Bundesliga vorstellen. Der HSV ist seit der Gründung der Bundesliga erstmalig in der Saison 2017/2018 abgestiegen. Der HSV war damit der letzte Verein, der ununterbrochen in der 1. Liga seit der Gründung geblieben ist.

6

Das Runde muss ins Eckige

Unnützes Fußball Wissen für
Jungs & Männer

Was wäre Fußball ohne einen Ball? Richtig! Definitiv kein Fußball. Und da es ohne Fußball ziemlich mau aussehen würde, möchte ich dir in diesem Kapitel viele Fakten rund um den Ball präsentieren. Du wirst staunend feststellen, dass ein Ball beim Fußball längst nicht einfach nur ein Ball ist! Wusstest du, dass das Wort Ball, welches sich dann über den ganzen Globus zieht, aus Deutschland kommt? Es kommt tatsächlich aus dem Althochdeutschen und ist abgeleitet von „bal", was nichts anderes bedeutet als geschwollener oder aufgeblasener Körper.

Fußball und Bälle sind keine Erfindung der Neuzeit, wie du bereits weißt. Doch sahen Fußbälle nicht immer so aus, wie du sie heute kennst. Einst spielten die Eskimos mit Bällen aus Robbenleder, welche mit Moos gefüllt waren. Die Azteken wiederum hatten Bälle aus Rohgummi und in China spielte man mit Ledersäcken, die mit Federn ausgefüttert wurden.

Erinnerst du dich noch an die Zeit, in der mit Lederbällen im Stadion gekickt wurde? Seit dem Ende der 60er Jahre ist das längst nicht mehr up to date. Warum? Regnete es, wurden die Bälle viel zu schwer, da sich das Leder mit Wasser vollsog. Verletzungen und sehr unansehnliche Spiele hatten dann das Aus des Lederballs besiegelt.

Und wie hat ein Ball dann heute auszusehen? Der Fußball von heute darf nur im Stadion gekickt werden, wenn er die Kriterien der FIFA erfüllt. Sein Umfang darf nicht kleiner als 68 cm und auf keinen Fall größer als 70 cm sein. Am Anfang eines Spiels muss er mindestens 410g wiegen und darf nicht schwerer als 450 g sein.

Unnützes Fußball Wissen für
Jungs & Männer

Du denkst, das war es schon mit den Anforderungen? Weit gefehlt. Denn der Druck des Balls ist auch vorgeschrieben. Dieser muss zwischen 0,6 und 1,1 bar liegen.

Und wenn der Ball einmal schlapp macht? Geht dem Ball tatsächlich einmal die Luft aus, dann wird das Spiel sofort unterbrochen und ein Schiedsrichterball kommt zum Einsatz. Interessant: Platzt der Ball bei einem Elfmeter, noch bevor der Ball die Latte, den Torwart oder den Pfosten berührt hat, so ist der Elfmeter ungültig und muss wiederholt werden.

Und das waren immer noch nicht alle Anforderungen, die ein Ball in der Welt des Fußballs zu bestehen hat! Denn ein offizieller Ball bei einer WM muss drei Logos aufweisen, nicht mehr und nicht weniger. Diese Logos sind: „Fifa approved", „Fifa inspected" und „International Match Standard".

Kein Wunder, dass die Bälle so begehrte Mitbringsel aus dem Stadion sind. Der berühmteste Ballklau hierbei war beim WM-Finale 1966 im berühmten Wembley-Stadion. Zwar hat Deutschland 2:4 verloren, doch der deutsche Spieler Helmut Haller schnappte sich den Ball und verschwand mit diesem nach Deutschland. Bis zum Jahr 1996 war der Ball im Besitz der Familie. Er wurde dann aber doch nach England zurückgegeben. Ende gut, alles gut.

Weißt du eigentlich, wer als einziger gern getreten wird? Natürlich ist die Antwort: Der Ball. Und genau dieser wurde in der Spielsaison 2018/2019 sage und schreibe 375.820 Mal in der deutschen Bundesliga getreten.

Unnützes Fußball Wissen für Jungs & Männer

Damit aber überhaupt irgendein Ball getreten werden kann, so muss er doch erst einmal hergestellt werden. Und das passiert zu 70 % in Pakistan, genauer gesagt in der Stadt Sialkot.

Suchen wir einen Ball? Dann hilft uns Google weiter. Gibt man dort das Wort Ball ein, so landest du gleich 3.050.000.000 Treffer. Fußball hingegen kommt auf schlappe 126.000.000 Treffer (Stand 2022). So viele Treffer werden bei einem echten Spiel sicher nicht erzielt!

Kommen wir aber wieder zurück zum echten Ball. Dieses Mal soll es jedoch nicht um einen runden Ball gehen. Denn es werden bewusst Bälle in Pyramidenform eingesetzt. Sie werden auch Reflexbälle genannt.

Die Reflexbälle sollen dem Torhüter dabei helfen, seine Reflexe zu trainieren. Schließlich verhält sich der Ball nicht wie seine runden Kollegen, sondern völlig unvorhersehbar.

„Es gibt nur einen Ball. Wenn der Gegner ihn hat, muss man sich fragen: Warum?!" Giovanni Trappatoni

Der Ball ist dafür da, um Tore zu schießen. Klingt logisch oder? Doch was sagt das Regelwerk dazu, wenn bei einem Freistoß, der nicht im eigenen Strafraum liegt, der Ball zum eigenen Torwart gespielt wird und dieser den Ball nicht annimmt und ihn stattdessen ins eigene Tor kullern lässt? Das müsste doch ein sauberes Eigentor sein. Wenn du so denkst, dann denkst du falsch. Laut dem Regelwerk heißt es: „Aus einem Vorteil darf nie ein unmittelbarer Nachteil entstehen".

In diesem Fall würde es dann also einen Eckball geben, aber auch nur dann, wenn der Torwart den Ball auch ganz sicher nicht berührt hat.

Ähnlich ist auch die Regel bei einem Einwurf. Wenn ein Einwurf im eigenen Tor endet, ohne auf seinem Weg Kontakt mit einem gegnerischen Spieler gehabt zu haben, dann wird der seltenkomische Treffer nicht gezählt. Immerhin gibt es dann eine Ecke, das ist doch auch was.

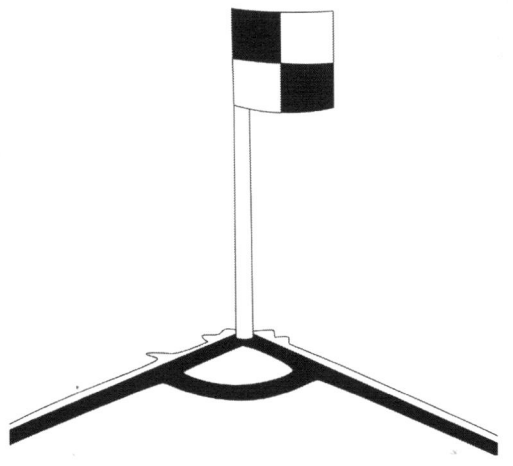

Das Ziel im Fußball ist es natürlich, Tore zu schießen – nach Möglichkeit immer mehr, als der Gegner es tut. Das muss sich Haaland in der Champions League wohl sehr zu Herzen genommen haben und hat damit 2019/2020 einen Torrekord im Wettbewerb aufgestellt, dem selbst CR 7 und Messi nicht das Wasser reichen können: In den ersten drei Spielen hat der junge Norweger 6 Tore geschossen.

U-20 Weltmeisterschaft in Polen. Ein 18-jähriger Spieler namens Erling Haaland schreibt Geschichte. 9 Mal schoss der junge Norweger das Tor beim 12:0 Siegen gegen Honduras.

Unnützes Fußball Wissen für Jungs & Männer

Das Runde muss ins Eckige – und das schnellstmöglich! Das dachte sich auch Christian Benteke. Der Belgier schoss nämlich das schnellste Tor einer WM-Qualifikation überhaupt. Nach 7 Sekunden schepperte es im Tor des Gegners.

Dasselbe Motto hatte wohl Nicklas Bendtner. Der Däne, der für Arsenal spielte, sollte 2007 im Spiel gegen Tottenham eingewechselt werden. Er zählte als Joker der Mannschaft und nahm diese Stellung sehr ernst! Er kam aufs Feld, zog ab und schoss nach 6 Sekunden das Tor und führte Arsenal mit 2:1 zum Sieg. Damit hat er den Rekord für das schnellste Tor nach einer Einwechslung inne.

2013 gab es einen ganz neuen Rekord. Denn auch der Torwart der Stokes, Asmir Begovic dachte sich im November 2013, dass es höchste Zeit für ein Tor sei. Ganz zum Leidwesen Southamptons, denn der Abschlag des Keepers landete im gegnerischen Tor und überwand dabei eine Distanz von 91,1 Metern. Das alleine ist schon unglaublich und nimmt den zweiten Platz des Distanzrekordes ein. Der Rekordhalter ist jedoch Moritz Stoppelkamp aus Paderborn. Im Jahr 2014 schoss der SCP-Keeper ein Tor mit einer Distanz von 93 m. Die Hannoveraner staunten nicht schlecht, als es nicht nur im eigenen Kasten klingelte, sondern auch ein neuer Rekord geboren war.

Und wenn wir schon einmal bei Distanzen sind: Das weiteste Kopfballtor, welches jemals erzielt wurde, stammt von Jone Samuelsen. Der Spieler des Odd Grenlands traf mit dem Kopf aus einer Distanz von 58 m ins gegnerische Tor.

In 21 Spielen hintereinander schoss Lionel Messi mindestens ein Tor und führt damit in der spanischen La Liga den Rekord an. In

Unnützes Fußball Wissen für
Jungs & Männer

Deutschland wird dieser Rekord von dem Bomber der Nation, Gerd Müller, aus der Saison 1969/1970 gehalten. Er kommt auf immerhin 16 Spiele hintereinander, in denen er ein Tor geschossen hat.

„Klingeling", dachte sich Robert Lewandowski bereits 312 Mal in seiner Karriere in der Bundesliga. Damit hat er den Rekord inne, der ausländische Spieler mit den meisten Toren zu sein. Außerdem führt er die Liste für die schnellsten 100 Tore an. Herzlichen Glückwunsch Lewandowski.

Beim Fußball ist man nicht dabei, um zu verlieren, sondern um zu gewinnen. Dazu müssen Tore her. Das dachte sich auch Archie Thompson bei der Qualifikation zur WM im Jahr 2001 und schoss gleich 13 Tore in einem Spiel. Das Spiel entschieden die Australier übrigens mit 31:0 gegen Amerikanisch-Samoa relativ eindeutig für sich!

Roger Milla ist der Fußballer, der mit dem höchsten Alter ein Tor einer WM-Endrunde schoss. Ganze 42 Jahre war der Kameruner alt und verewigte sich mit dem Tor in den Geschichtsbüchern.

Tor, Tor und nochmals Tor. Dank Pele fand das Runde 1279 Mal ins Eckige und damit ist der Brasilianer der Spieler, der die meisten Tore in seiner Karriere schoss. Herzlichen Glückwunsch zu diesem sagenhaften Rekord.

Ob an dem Kerl nicht doch ein Stürmer verloren gegangen ist? Eigentlich ist es doch sein Job zu verhindern, dass das Runde ins Eckige gelangt. Aber ganz so genau nahm es Jose Luis Chilavert dann wohl nicht und drehte den Spieß einfach um. Freistöße und Elfmeter wurden dem Torwart zuteil, der diese dann auch in den meisten Fällen verwandelte. Und so kam es, dass der Torwart im Jahr 1999 gleich 3 Tore für seinen Verein schoss. Durch die Bank weg waren es Elfmeter. Und damit hält er dann auch den Rekord inne für den Keeper, der die meisten Tore in einem Spiel schoss.

Noch so ein Keeper, der seinen Job etwas ausgedehnter verstand: Rogerio Ceni. Der brasilianische Torhüter kommt auf 128 Tore, die er selbst verwandelt hatte. Das ist Weltrekord. In Deutschland ist der torgefährlichste Torwart übrigens Hans-Jörg Butt gewesen. Für Hamburg, Leverkusen und Bayern schoss er immerhin 26 Tore als Keeper.

7

Man of the match: Der Schiedsrichter

Unnützes Fußball Wissen für
Jungs & Männer

Schiedsrichter zu sein, das ist sehr anspruchsvoll. Nicht nur, dass er im rechten Moment pfeifen muss, nein! Er muss sich auch noch um den Ball kümmern! Denn er hat die Aufgabe, den Ball in der Halbzeitpause mit sich zu führen und wenn das Spiel beendet wurde, muss er ihn dem Heimatverein wiedergeben. Hätte sich der Schiedsrichter im Jahr 1966 an diese tragende Aufgabe erinnert, hätte Helmut Haller den Ball seinerzeit nicht nach Deutschland entführen können!

Als Schiedsrichter muss man viel einstecken können. Man ist nicht besonders beliebt und diese ewigen Diskussionen mit den Spielern … das kann ganz schön anstrengend werden. Als Schiedsrichter ist man aber bei bestimmten Spielen besonders gefragt. Und so trug es sich zu, dass der Schiedsrichter Wolfgang Stark im Relegationsspiel von Hertha BSC gegen Fortuna Düsseldorf im Jahr 2012 ein besonders schweres Los gezogen hatte. Denn der Schiedsrichter wurde Opfer eines üblen Angriffs des Herthaspielers Lewan Kobiaschwili. Unerwartet versetzte dieser Stark im Spielertunnel einen gezielten Faustschlag in den Nacken. Nur mit großer Anstrengung konnte Stark ein Hinfallen verhindern. Kobiaschwili wurde für 7 Monate gesperrt und musste 60.000 € Schmerzensgeld bezahlen. Der Schiedsrichter hingegen trug ein Hämatom im Nacken davon.

Ein guter Schiedsrichter muss her, eindeutig! Doch der Schiedsrichtiger ist nur so lange gut, bis ihm seine Assistenten den Rang ablaufen wollen. Das kann sich der Schiedsrichter von heute natürlich nicht gefallen lassen und so hat der Schiedsrichter das Recht, seine Assistenten zu entlassen. Das ist aber nur dann der Fall, wenn diese sich nicht richtig verhalten oder ihre Kompetenzen überschreiten. Was ein Schiedsrichter dafür tun muss? Einfach dem Schiedsgericht einen

Bericht zukommen lassen. Dann gibt es immerhin neues Personal für den Unparteiischen. So einfach kann es gehen!

Und wieder folgt eine Regel, wo du dich fragen wirst, wer sich das ausgedacht hat. Nur der Schiedsrichter darf rote Karten verteilen und das sogar schon vor dem Anpfiff. Zugegeben, es kommt nicht oft vor, doch sollte ein Spieler tatsächlich vor dem Anpfiff eine rote Karte erhalten, so startet seine Mannschaft nicht in Unterzahl. Der Spieler mit der roten Karte vor Spielbeginn darf durch einen anderen Spieler ersetzt werden. Der Spieler, der rot gesehen hat, der muss jedoch gleich zurück in die Kabine und kann duschen gehen oder er zieht sich einfach um. Denn großartige Anstrengungen hat er noch nicht vollbracht. Wobei – ist es nicht schon eine Leistung, eine rote Karte vor dem Anpfiff zu kassieren?

Schiedsrichter kennen folgende Regel ebenfalls: Ein Torwart führt einen Abstoß durch. Doch durch äußere Umstände fliegt der Ball nicht vom Tor weg, sondern trudelt direkt in das eigene Tor hinein. Dieser Fauxpas wird vom Schiedsrichter nun nicht als Eigentor gewertet, sondern es gibt einen Eckball. Das Ganze zählt aber nur, wenn der Torwart nach dem Abstoß kein weiteres Mal mit dem Ball in Berührung kommt.

Wenn du mit dem Gedanken gespielt hast, Schiedsrichter zu werden, dann solltest du diese Regel insbesondere kennen: In der Regel stehen zu Spielbeginn 11 Spieler einer jeden Mannschaft auf dem Feld. Doch diese 11 Spieler pro Team sind keine Voraussetzung dafür, dass du als neuer Schiedsrichter das Spiel anpfeifen kannst. 7 Spieler pro Mannschaft müssen es mindestens sein, damit das Spiel losgehen kann. Das ist ein hohes Risiko für die Mannschaften, denn zeigst du einem Spieler die rote Karte und stellst ihn somit vom Feld, so muss das Spiel abgebrochen werden und die Mannschaft, die noch 7 Spieler auf dem Feld hat, gewinnt 0:3.

Tricks, um sich Vorteile zu verschaffen, das ist nicht selten das Ziel so manchen Spielers. Darauf muss ein Schiedsrichter immer gefasst sein. Gerade Abseits ist hier so eine Situation, die gerne einmal versucht wird zu provozieren. Wenn nun aber ein Verteidiger auf die sinnfreie Idee kommt und ins Toraus läuft, damit der Gegner im Abseits steht, so erhält der Verteidiger die gelbe Karte und somit eine scharfe Rüge. Von wegen Abseitsfalle ... Abseitspanne trifft es da besser.

Unnützes Fußball Wissen für
Jungs & Männer

Und wie verhält es sich überhaupt mit den Eigentoren? Gute Schiedsrichter kennen hier ebenfalls die Regeln ganz genau. Sie wissen demnach eigentlich auch, dass sie nicht in das Spielgeschehen eingreifen dürfen, indem sie spielerisch tätig werden. Schon gar nicht sollten Schiedsrichter Tore schießen. Doch für den Fall, dass der Schiedsrichter es sich anders überlegt und einen Ball im Tor versenkt, so würde dieser Treffer tatsächlich zählen. Nur gut, dass sich die meisten Schiedsrichter an den Grundsatz halten und sich wie Luft benehmen.

Als Schiedsrichter sieht und erlebt man Dinge, die passen auf kein Ballleder! Und so trug es sich auch in der brasilianischen Liga zu, dass der Schiedsrichter erst in seinem Handbuch nach der passenden Regelung suchen musste. Denn während eines Spiels kam es fast zum Tor. Doch der Ball wurde gehalten. Jedoch nicht vom Torwart und auch von keinem Spieler. Nein, es war ein völlig fremder Nackedei, der sich zwischen die Pfosten gesellte und den Schuss hielt. Die Spieler und Zuschauer staunten nicht schlecht. Der Schiedsrichter wusste aber Rat und befolgte die Regularien: Es gab einen Schiedsrichterball.

Du denkst, dass du schon alles in der Fußballwelt gesehen hast, was es zu sehen gibt? Das glaube ich kaum. Stell dir einmal vor, ein Schütze spielt den Ball bei einem Freistoß, einem Elfmeter oder bei einem normalen Angriff so stark gegen den Pfosten oder die Latte, dass diese bricht und das Tor zusammenklappt. Was glaubst du, was dann passiert? Es gibt einen Schiedsrichterball an der Fünfmeterlinie. Nicht die Regelung regt zum Nachdenken an, sondern die Tatsache, dass diese Regelung existiert, zeigt, dass sich jemand ganz genau Gedanken über mögliche Szenarien gemacht hat!

Unnützes Fußball Wissen für
Jungs & Männer

Das Wetter hat schon so manchem Spiel einen Strich durch die Rechnung gemacht. Starkregen und Gewitter mit schweren Sturmböen sind Situationen, in denen ein Spiel vom Schiedsrichter unterbrochen oder sogar abgebrochen werden muss. Schnee und Hagel sind weitere Wetterphänomene, die das Spiel beeinträchtigen und zu einer Unterbrechung oder einem Abbruch führen können. Doch was ist mit Nebel? Der Unparteiische weiß, dass auch bei Nebel ein Spiel abgebrochen werden darf. Und zwar dann, wenn man von einem Tor nicht mehr zum anderen Tor sehen kann. Sieht man das Tor noch, wenngleich sehr schwach, wird das Spiel fortgesetzt.

In der Regel hat ein guter Schiedsrichter seine sieben Sachen immer bei sich: gelbe Karte, rote Karte, Zettel und Stift, Knopf im Ohr und die Pfeife. Ein unerwarteter und spektakulärer Ballwechsel im Spiel. Plötzlich muss es schnell gehen, auch für den Schiedsrichter. Dieser fackelt nicht lang und spurtet mit den Spielern mit. Unbemerkt verliert er seine Pfeife unterwegs. Und nun? Der Schiedsrichter muss zunächst einen kühlen Kopf bewahren und versuchen, über Schreien oder Gesten die Aufmerksamkeit der Spieler auf sich zu lenken. Das Spiel wird dann beim letzten Pfiff des Schiris wiederaufgenommen. Das kann ein Einwurf oder ein Freistoß sein. Der letzte Pfiff ist hier entscheidend – und natürlich, dass er seine Pfeife wiederfindet und sie nicht noch einmal verliert!

Man ist ja nur sehr ungerne der Miesepeter und sprengt die Freude anderer. Doch auch das ist der Job des Schiedsrichters und er muss eingreifen, wenn sich eine Mannschaft zu sehr freut. Das geschieht dann mit einer gelben Karte. Trikot ausziehen, so weiß ein geordneter Fußballfan, ist im Falle des Torjubels verboten. Ebenfalls darf das

Unnützes Fußball Wissen für
Jungs & Männer

schnelle Weiterspielen nicht verhindert werden. Weniger bekannt ist, dass es auch eine gelbe Karte im Falle der Euphorie gibt, wenn eine Eckfahne den Jubelnden zum Opfer fällt. Manchmal ist der Schiedsrichter aber auch eine echte Spaßbremse!

Wir befinden uns in einer K.O.-Runde eines Turniers. Der Spielstand: Unentschieden. Es geht zum Elfmeterschießen. Doch wer darf eigentlich als erster ran? Die eigene Mannschaft oder der Gegner? Wer bestimmt das? Wer anfangen darf, das müssen die Kapitäne der beiden Mannschaften unter den Augen des Unparteiischen auslosen. Die Aufgabe des Schiedsrichters ist hier nur die Überwachung einer fairen Auslosung.

In einem Fußballspiel hat nur einer was zu melden: der Schiedsrichter. Ein unfaires Spiel ist es jedoch, wenn ein Pfiff einer Pfeife von den Rängen kommt. Was aber passiert, wenn die Spieler sich von dem Pfiff aus dem Publikum irritieren lassen, das Spiel unterbrechen oder gar den Ball in die Hand nehmen? Der Schiedsrichter weiß Rat, denn der verwirrte Spieler hat mit keiner Strafe zu rechnen. Es gibt einen Schiedsrichterball und das Spiel geht weiter. Allerdings ist das trotzdem sehr unfair.

Aufs Feld kommt nur das mit, was sie tragen: Trikot, Stutzen, Schuhe und Schienbeinschoner. Torwarte nehmen außerdem noch ihre Handschuhe mit aufs Feld. Nun gab es einst die Situation, so munkelt man, dass ein Spieler einen Schienbeinschoner dazu genutzt haben soll, um ein Tor zu verhindern. Diese Situation wurde natürlich umgehend erfasst und eine entsprechende Regel wurde verfasst. Der Schiedsrichter wird in so einem Fall ein Foul pfeifen, welches im Strafraum sogar einen Elfmeter nach sich ziehen kann.

Unnützes Fußball Wissen für
Jungs & Männer

Manche Spiele ziehen sich wie Gummi und sind in jeglicher Hinsicht zum Wegschauen. Ein Grund dafür war einst der Rückpass zum Torwart. Man wollte den Fußball schneller, aufgeweckter und frischer sehen. Und so schrieb man eine neue Regel. Der Torwart darf den Ball nicht mehr in die Hand nehmen, wenn ein Mitspieler ihm den Ball absichtlich zuspielt (per Fuß oder Kopf). Er darf den Ball aber dann in die Hand nehmen, wenn das Rückspiel unabsichtlich war und sich dadurch kein eigener Vorteil ergibt. Und an dieser Stelle ist vieles Interpretationssache des Schiedsrichters. Der Verstoß gegen die Regel soll mit einer gelben Karte oder einem indirekten Freistoß bestraft werden.

Eine Auswechselung steht an. Der Zeitpunkt ist günstig, denn nun soll die eigene Mannschaft einen Eckball oder einen Freistoß schießen. Da das Spiel kräftezehrend war, ist frischer Wind das Gebot der Stunde. Doch der Schiedsrichter pfeift den frisch eingewechselten Spieler zurück. Dieser darf nämlich keine Freistöße und keine Eckbälle als erste Amtshandlung auf dem Feld durchführen. Etwas anders sieht es beim Elfmeter aus. Diesen darf auch ein frisch eingewechselter Spieler durchführen.

Hast du schon einmal einen Schiedsrichterball verfolgen können? Als echter Fan des Fußballs hast du sicher schon einmal so eine Szene gesehen. Wahrscheinlich war nur jeweils ein Spieler einer jeden Mannschaft beim Schiedsrichter, um den Ball für sich zu gewinnen. Das allerdings ist nicht so vorgegeben. Der Schiedsrichter könnte auch nichts dagegen unternehmen, wenn sich alle Spieler um ihn und den Ball tummeln würden. Zum Glück gibt es aber in den meisten Fällen eine faire Entscheidung im Falle eines Schiedsrichterballs. Denn meist bekommt derjenige den Ball, dem er vor dem Pfiff zu dieser Entscheidung zustand.

Schiedsrichter zu werden ist immer noch dein Traum? Bei der Fifa sind derzeit 460 Schiedsrichter tätig, je 20 davon kommen aus Deutschland, Brasilien, Argentinien, Italien, Mexiko, Frankreich und Spanien.

Übrigens ist der Schiedsrichter, der die meisten Spiele gepfiffen hat in der 1. Bundesliga, Wolfgang Stark. Er hat 344 Spiele bestritten, 1305 gelbe Karten, 35 rote Karten und 31 gelbrote Karten ausgeteilt. Zudem pfiff er 81 Elfmeter in seiner Laufbahn.

Die meisten roten Karten wurden übrigens vom Schiedsrichter Damien Rubino in der fünften argentinischen Liga ausgeteilt. Er hält damit einen Rekord. In dem Spiel Claypole (Buenos Aires) gegen Victoriano Arenas (Avellaneda) teilte der gute Unparteiische gleich 36 rote Karten aus. Das war im März 2011. Damit ist er der führende Zieher der roten Karten. Es regnete rote Karten für die Spieler und auch für die Ersatzbank. Der Schiedsrichter auf Platz zwei kam dabei nur auf 22 rote Karten im August 1986, bei einem Spiel zwischen Club América (Mexiko-Stadt) und Deportivo Guadalajara. Wer hat da überhaupt noch auf dem Platz gestanden? Eine gute Frage!

Damit du Schiedsrichter werden kannst, musst du mindestens 12 Jahre alt sein. In manchen Bundesländern Deutschlands kann das Mindestalter aber auch 14 Jahre betragen, so zum Beispiel in Niedersachsen.

Nun kannst du nicht einfach aus einer Laune heraus Schiedsrichter werden, sondern du musst ein Mitglied in einem Fußballverein deiner

Wahl sein. Das hat versicherungstechnische Gründe. Natürlich solltest du dich auch für Fußball interessieren und dir darüber im Klaren sein, dass du an mindestens 20 Spielen als Leitung auf dem Platz zu stehen hast – bei Wind und Wetter. Des Weiteren erwarten dich pro Jahr 8 – 12 Tage, an denen du an Weiterbildungsmaßnahmen teilnehmen musst.

20 bis 50 Unterrichtsstunden an 3 bis 12 Tagen warten innerhalb eines Zeitraumes von bis zu 6 Wochen auf dich, wenn du eine Schulung zum Schiedsrichter machen möchtest. Hier wirst du die Fußballregeln lernen, unter anderem auch die, die du gerade gelesen hast.

Die Abschlussprüfung besteht aus einem schriftlichen Teil, in dem du Fragen zu den Regeln richtig beantworten musst. Außerdem kommt eine körperliche Überprüfung auf dich zu. Du musst unter anderem 1300m in 6 Minuten laufen.

Nach der Prüfung ist es geschafft und du bist nun offiziell Schiedsrichter. Doch direkt in die Bundesliga kommst du nicht. Je nach Alter geht es erst einmal bei den Junioren oder Senioren im Amateur Bereich los. Außerdem stehst du zunächst unter den Fittichen erfahrener Schirikollegen, ehe du selbst dein Können alleine unter Beweis stellen kannst.

Hast du genug Erfahrungen gesammelt, dann ist dein nächster Stopp die Kreis- oder Bezirksliga. Hält man dich für einen besonders geeigneten Schiedsrichter, dann kannst du auch zwei Klassen pro Jahr überspringen. Das zählt aber nur bis zu den Landesverbänden. Ab hier muss ein jeder Schiedsrichter ein Jahr in der jeweiligen Klasse pfeifen. Das macht unterm Strich etwa 6 bis 8 Jahre, ehe du in die Bundesliga kommst und dort als Chef auf dem Platz deinen großen Auftritt feiern kannst. Zudem müssen sogenannte Schiedsrichter-Beobachter ihr grünes Licht für dich geben, damit du in der Bundesliga pfeifen darfst. Was für ein Spektakel!

Ein Schiedsrichter in der oberen Klasse verdient recht ordentlich. Aber jeder fängt einmal klein an. Deine Kleidung stellt zunächst der Verein und die Fahrtkosten zum Spiel werden dir erstattet. Dazu gibt es eine Aufwandsentschädigung von 5 € für Schülerspiele. In der Regionalliga erhältst du immerhin schon 300 € und 1.000 € gibt es in der 3. Liga. Schaffst du es in die 2. Bundesliga, so liegt der Lohn bei rund 2.500 € und 5.000 € in der ersten Bundesliga.

Seit der Spielsaison 2018/19 gibt es jedoch neue Regelungen bezüglich der Vergütung. Die FIFA sieht vor, dass Schiedsrichter in Elite-Klassen 80.000€ erhalten, in der Bundesliga oder als normaler FIFA-Schiedsrichter gibt es immerhin noch 70.000 €, sofern mehr als fünf Jahre Erfahrung in diesem Bereich vorgewiesen werden können. Andernfalls gibt es nur schlappe 60.000 €. Schiedsrichter in der zweiten Liga bekommen nur 40.000 €. Wenn du dich für einen Assistenten entschieden hast, dann erhältst du immerhin bei der FIFA noch 45.000 €. In der Bundesliga sind es nur noch 40.000 € und in der 2. Bundesliga 4.500 €.

Wenn man sich nun die Leistungen von Schiedsrichtern bei so manch einem Spiel ansieht, da ist der Gedanke nicht fern, dass die Schiedsrichter wohl gerade kein Gehalt bekommen haben. Sieh es ihnen am besten nach!

Unnützes Fußball Wissen für
Jungs & Männer

Weißt du eigentlich warum es den Ausdruck A****-Karte gibt? Auch hier sei dem Schiedsrichter gedankt, denn dieser zieht die A****-Karte, demnach also die rote Karte. Und somit hat die beliebte Redewendung ihren Ursprung bei den Schiedsrichtern im Fußball.

Bis zum Jahr 1874 gab es offiziell gar keinen Fußball in Deutschland. Es ist naheliegend, dass es auch keinen Schiedsrichter gab, denn wo sollte der herkommen, wenn es die Sportart noch nicht einmal gab? Damals waren die Schiedsrichter die Mannschaftsführer, welche ebenfalls Fußballkaiser genannt wurden. Sie durften selbst über die Regeln bestimmen.

Als Schiedsrichter muss man natürlich auch Karten zeigen. In der Regel werden die Karten an die Feldspieler, gegebenenfalls noch an die Bank verteilt. Seltener kommt es jedoch vor, dass ein Hund eine rote Karte bekommt. Während eines unterklassigen Spiels ist tatsächlich ein Hund übers Spielfeld gelaufen. Der Schiedsrichter fackelt nicht lange, zückt die rote Karte und verweist den Hund somit vom Spielfeld.

Der wohl bekannteste Schiedsrichter ist Pierluigi Collina. Der Unparteiische aus Italien ist in seiner Laufbahn als Schiedsrichter von 1995 bis 2005 ganze 6 Mal zum Schiedsrichter des Jahres ernannt worden.

Unnützes Fußball Wissen für
Jungs & Männer

Die Ausrüstung eines Schiedsrichters ist, logischerweise, anders als bei den Spielern. Die Hosen ähneln sich noch, doch beim Trikot gibt's schon erste Unterschiede. Dieses hat nämlich eine Brusttasche aufgenäht. Immer mit dabei: Pfeife, Stoppuhr und die beiden Karten.

Technik braucht der Schiedsrichter des modernen Fußballs immer mehr. Er trägt eine Uhr für die Torlinientechnik und ein Headset zur Verbindung mit dem Videoschiedsrichter und seinen Assisten.

Das Phantomtor, worüber du bereits im Buch gelesen hast, ist die legendärste Fehlentscheidung eines Schiedsrichters in Deutschland gewesen.

Die EM ist, wie du noch weißt, nicht besonders alt. Doch deshalb sind die Spieler nicht vor Karten gefeit. Schon gar nicht vor der roten Karte. José María Ortiz de Mendibil ist der Schiedsrichter, der zum ersten Mal eine rote Karte bei einer EM zückte. Das war im Jahr 1986.

Die spanischen Schiedsrichter zückten nicht nur die erste rote Karte während einer EM, sondern auch die erste gelb-rote Karte. Der

Schiedsrichter hieß Antonio Jesus Lopez Nieto und schmiss damit den Italiener Luigi Apollini 1996 erstmalig mit dieser Kartenkombination vom Feld.

Und da die Spanier es richtig drauf haben, gehört der nächste Schiri-Fakt ebenfalls zu ihnen. Manuel Mejuto Gonzalez schickte erstmalig in der EM-Geschichte einen Trainer auf die Tribüne. Das geschah im Jahr 2008.

Die UEFA hatte im Jahr 2012 beschlossen, dass Torrichter bei der EM mit von der Partie sein müssen. Schwergreifende Fehlentscheidungen konnten damit trotzdem nicht verhindert werden. Torrichter wurden schnell wieder abgeschafft und durch die Torlinientechnik ersetzt.

Gamal al Ghandour ist der Name des ersten Schiedsrichters, der aus einem anderen Verband eine EM pfiff. Der Ägypter war der Unparteiische bei den Spielen Belgien gegen die Niederlande und Norwegen gegen Spanien.

Aus Wales stammt der Schiedsrichter, der die meisten Platzverweise bei einem EM-Spiel aussprach. Es ist Clive Thomas, der bei dem Spiel Tschechoslowakei gegen die Niederlande gleich 3 Mal zum Popo griff.

Der Schweizer Schiedsrichter Gottfried Dienst und sein italienischer Kollege Sergio Gonella sind die einzigen beiden Schiedsrichter weltweit, die sowohl ein EM-Finale wie auch ein WM-Finale pfeifen durften.

Pedro Proença aus Portugal durfte 2012 das Champions League Finale und ebenso das EM-Endspiel im gleichen Jahr pfeifen. Das hat bisher nur der Portugiese geschafft.

Unnützes Fußball Wissen für Jungs & Männer

Recht neu ist in Deutschland der Videoassistent. Er soll den Schiedsrichtern bei schweren Fehlentscheidungen Klarheit bieten. So war zumindest der ursprüngliche Gedanke des VAR (Video Assistant Referee).

Bislang dürfen nur VARs beschäftigt sein, die auch bereits Spiele in der Bundesliga gepfiffen haben. Angeblich soll sich das aber bald ändern und auch bundesligaunerfahrene Schiedsrichter dürfen dies dann tun.

Du glaubst, nur Fußballvereine und einzelne Spieler haben einen Fanclub? Weit gefehlt. Denn auch der Schiedsrichter Clément Turpin aus Frankreich hat einen eigenen Fanclub.

Stéphanie Frappart, Kateryna Monzul und Bibiana Steinhaus-Webb sind drei Schiedsrichterinnen, deren Namen echten Fußballfans ein Begriff sein sollten. Doch die drei Damen waren mitnichten die ersten weiblichen Unparteiischen. Die erste Schiedsrichterin Deutschlands legte Ihre Prüfung im Jahr 1969 ab. Ihr Name ist Sabine Asgodom.

8

Lustiges für die Halbzeitpause

Unnützes Fußball Wissen für
Jungs & Männer

Wann wurde die Fußballmannschaft zum ersten Mal schriftlich festgehalten? Im Alten Testament. Dort steht geschrieben: "Sie trugen seltsame Gewänder und irrten planlos umher."

Was ist der gewalttätigste Sport der Welt? Fußball. Da wird geköpft und geschossen!

Auch Fußbälle können sich verletzen. Glaubst du mir nicht? Dann hast du wohl noch nie was vom Fußballverband gehört oder?

Wie hoch ist der Marktwert der deutschen Fußballnationalmannschaft (kann durch jede andere Mannschaft ersetzt werden)? Knapp 0,88 Euro – 11-mal Flaschenpfand eben.

Der Mannschaftsarzt äußert sich zum Thema Doping im Fußball: "Doping beim Fußball bringt nichts. Das Mittel muss in die Spieler!"

Sohn: "Papa, wieso ist der Frauenfußball nicht so berühmt?" Entgegnet der Vater: "Finde mal 11 Frauen, die das gleiche anziehen wollen!"

Wer war die erste Fußballmannschaft überhaupt? Jesus und seine Jünger natürlich. Denn in der Bibel steht geschrieben: "Jesus stand im Tor von Nazareth und seine Jünger standen abseits."

Nach dem 0:5 schimpft der Trainer mit seinem Stürmer ausgiebig: "Wann kriege ich endlich was Ordentliches von Ihnen zu sehen?" Daraufhin zuckt der Stürmer mit den Schultern und sagt: "Heute Abend im Werbefernsehen - da stelle ich den neuen Fruchtjoghurt vor!"

Welche optimale Größe sollte ein Schiedsrichter haben? 25 cm - immer auf Höhe des Balls!

Unnützes Fußball Wissen für Jungs & Männer

"Herr Doktor, ich sehe immerzu gelb und rot vor meinen Augen", klagt der Fußballer dem Arzt sein Leid. Darauf der Arzt: "Vielleicht sollten Sie mal darüber nachdenken, den Schiedsrichter zu wechseln!"

Wie lange dauert ein Fußballspiel zwischen den Mannschaften Kolumbien und Jamaika? Keine Minute, denn die Kolumbianer werden die Linien schnupfen und die Jamaikaner das Gras verrauchen.

Wie heißen die Fußballschuhe, die Jesus einst trug? Christstollen.

Was ist der Unterschied zwischen einem Marienkäfer und Energie Cottbus (kann durch jede andere Mannschaft ersetzt werden)? Der Marienkäfer hat mehr Punkte als Cottbus.

Worin unterscheiden sich ein Fußgänger und ein Fußballer? Der Fußgänger geht bei grün, der Fußballer wiederum muss bei Rot gehen.

Welches ist die kleinste Brauerei Deutschlands (kann durch jede andere Mannschaft ersetzt werden)? Das Nationalteam, die haben 11 Flaschen.

Kassiererin fragt den Mann: "Sammeln Sie die Punkte?"

Gibt der Mann zur Antwort: "Nein, ich bin HSV-Fan." (kann durch jede andere Mannschaft ersetzt werden)

Warum bekommen die Spieler von Hannover 96 (kann durch jede andere Mannschaft ersetzt werden) zu Ostern Fahrräder? Damit sie schon mal das Absteigen üben können.

Fragt der Fußballer den Schiedsrichter: "Wie ist eigentlich der Name von Ihrem Hund?" Gibt der Schiedsrichter zur Antwort: "Ich habe gar kein Hund?!" Kratzt sich der Fußballer mitleidig am Kopf und sagt: "Blind und keinen Hund. Das tut mir leid!"

Ein Fußballer kommt nach dem Spiel nach Hause und verkündet: "Ich habe heute zwei Tore geschossen!"

Seine Frau freut sich für ihn und will wissen: "Und wie ist das Spiel ausgegangen?"

Niedergeschlagen entgegnet der Fußballer: "1:1"

Woran kann man Borussia Dortmund Fans gut erkennen? An den schwarz-gelben Zähnen.

Eine Fußballmannschaft fliegt im Flugzeug zum nächsten Spiel. Aus Langeweile beginnen die Kicker in der Maschine mit dem Leder zu spielen. Der Pilot hat Schwierigkeiten die Maschine auf Kurs zu halten und schickt den Funker nach hinten in die Kabine um für Ordnung zu sorgen. Nach zwei Minuten ist absolute Ruhe. Verwundert fragt der Kapitän: „Wie hast Du denn das geschafft?" Sagt der Funker achselzuckend: „Ich habe gesagt: Jungs, es ist schönes Wetter, spielt doch bitte draußen weiter!"

Der Trainer vom DSC Arminia Bielefeld (kann durch jede andere Mannschaft ersetzt werden) will gerade das Haus verlassen, als seine Frau ihm hinterher ruft: „Unser Nachbar gibt seiner Frau immer einen Abschiedskuss, bevor er zur Arbeit aufbricht. Warum machst du das nicht?" Entgegnet der Trainer etwas verlegen: „Aber so gut kenne ich seine Frau doch gar nicht, dass ich sie küssen würde."

Unnützes Fußball Wissen für
Jungs & Männer

Fritzchen hat sich beim Fußballspielen den Fuß gebrochen. Nach vier Wochen meldet er sich beim Trainer zum Training zurück. „Ja, wie geht's denn, Fritzchen, ist der Fuß wieder in Ordnung?" Voller Tatendrang sagt Fritzchen: „Alles in bester Ordnung, Chef! Ich kann jetzt besser gehen als je zuvor!" Schaut der Trainer Fritzchen aufmunternd an: „Das freut mich für dich. Was dir jetzt noch fehlt, ist eine ordentliche Gehirnerschütterung!"

„Du kommst diese Woche bereits zum fünften Mal zu spät zum Training! Dir ist klar, was das nun bedeutet?!", schimpft der Trainer. „Ja", antwortet der Spieler, „das bedeutet, dass heute endlich Freitag ist!"

„Nenne mir bitte drei berühmte Männer mit dem Anfangsbuchstaben B!", fragt der Lehrer einen Schüler. Darauf beginnt der Schüler aufzuzählen: „Beckenbauer, Breitner, Basler." Entsetzt fragt der Lehrer: „Hast du noch nie was von Bach, Brahms oder Beethoven gehört?" Zuckt der Schüler mit den Schultern und sagt: „Nee, Regionalliga interessiert mich nicht."

Drei Profifußballer sitzen im Flugzeug. Plötzlich kommt der Pilot zu ihnen nach hinten und sagt ernst: „Ich habe eine schlechte Nachricht! Wir werden abstürzen und es gibt nur drei Fallschirme. Da ich Frau und Kinder habe, steht mir ein Fallschirm zu." Der Pilot nimmt einen Fallschirm und springt aus dem sinkenden Flugzeug. Der erste Fußballer: „Ich bin der klügste und beste Fußballer der Welt, mir steht auch ein Fallschirm zu." Er steht auf und springt ebenfalls aus dem Flugzeug. Darauf der zweite Fußballer zum dritten: „Ach, ich habe schon ein hohes Alter erreicht und du hast noch dein ganzes Leben vor dir. Nimm du ruhig den dritten Fallschirm, Junge." Sagt der dritte

Unnützes Fußball Wissen für
Jungs & Männer

Fußballer: „Keine Panik! Der klügste und beste Fußballer der Welt ist gerade mit einem Schlafsack abgesprungen! Du kannst also auch einen Fallschirm nehmen".

Der Teufel macht einen Besuch bei Petrus und fragt ihn, ob man mal ein Fußballspiel Himmel gegen Hölle ausrichten sollte. Petrus hat dafür nur ein schwaches Lächeln übrig: „Glaubst du, ihr habt auch nur die geringste Chance gegen uns? Alle guten Fußballspieler kommen in den Himmel: Pele, Beckenbauer, Müller, Maradona, Ronaldo, Ballack ..." Gewitzt lächelt der Teufel zurück und gibt zur Antwort: „Aber bei uns sind die Schiedsrichter!"

Die Zuschauer des Stadions verfolgen ein extrem langweiliges Spiel. „Schau mal", sagt ein Zuschauer zum Zuschauer neben ihm. „Der Trainer der anderen Mannschaft ist eingeschlafen." Grunzt der Zuschauer zurück: „Aha, aber das ist noch lange kein Grund mich aufzuwecken!"

Wie wird der Mannschaftsarzt in Schottland auch genannt? Heilender.

Fragt der Manager den Trainer: "Und wie hat sich der neue Spieler beim Training so geschlagen?" "Oh, dem gelang ein Sonntagsschuss nach dem anderen.", sagt der Trainer erfreut. Freut sich nun der Manager: "Und warum nehmen Sie ihn dann nicht zum Spiel mit?" Zuckt der Trainer mit den Achseln: "Na, weil das doch am Samstag ist."

In das Krankenzimmer von Herrn Merk wird ein neuer Patient geschoben. Dieser stellt sich vor: "Guten Tag, Schmidt, Handwerker, Arbeitsunfall." Sagt Herr Merk: "Hallo, Merk, Schiedsrichter, Elfmeter gepfiffen."

"Du bringst wirklich alle Qualitäten mit, die ein Fußballer braucht", lobt der Trainer seinen Spieler, "bis auf zwei". "Vielen Dank", gibt der der Spieler stolz zu Antwort, "Aber was sind denn das für zwei Dinge, die mir noch fehlen?" "Zwei geeignete Füße!", sagt der Trainer und klopft den Spieler auf die Schulter.

Ein Fan schmeißt mitten im Spiel eine Flasche auf den Rasen. "Was soll der Unsinn", empört sich der Schiedsrichter. Der Fan: "Das ist, damit Sie nicht so einsam sind!"

Während der Halbzeitpause kommt der Manager zur Mannschaft in die Kabine: "Jungs, gute Nachrichten! In der kommenden Saison werden wir bestimmt aufsteigen." "Wie sollen wir das denn schaffen?", will die die Mannschaft wissen. "Ich kaufe elf neue Spieler!", sagt der Manager.

Leverkusen (kann durch jede andere Mannschaft ersetzt werden) spielt gegen Werder Bremen (kann durch jede andere Mannschaft ersetzt werden). Nach 15 Minuten fährt ein Zug am Stadion entlang und pfeift. Die Bremer denken, dass das Spiel abgepfiffen wurde und machen sich umgehend auf den Heimweg. Es dauert rund eine halbe Stunde, da schießt Leverkusen das erste und entscheidende Tor.

Ein aufsteigender Stern aus der Jugendmannschaft verhandelt mit Uli Hoeneß: "Wie hoch wird mein Gehalt im ersten Jahr sein?" Uli denkt nach und sagt dann: "Na, du kommst schon auf deine erste Million bei den Bayern. Später wirst du dann aber noch erheblich mehr bekommen!" "Ok, dann komme ich später wieder!", sagt das junge Talent.

Unnützes Fußball Wissen für Jungs & Männer

Der Stürmer wird nach einer enttäuschenden Leistung ausgewechselt. Nachdem er auf der Bank Platz genommen hat, sucht er einen Sündenbock: "Dem Schiedsrichter trete ich nach der Partie in den Popo!" Darauf der Trainer: "Lass das lieber sein Junge, den triffst du doch sowieso nicht."

Ein neuer Sportreporter soll sein erstes Interview mit Uli Hoeneß machen. Respektvoll schüttelt er ihm die Hand und sagt: "Herr Hoeneß, ich habe schon so viel von Ihnen gehört." Wie aus der Pistole geschossen kommt die Antwort: "Aber beweisen können Sie mir nichts!"

"Wir legen hier auf zwei Dinge besonders viel Wert: Sauberkeit und Ehrlichkeit", ermahnt der Trainer den Neuzugang. "Also, haben Sie sich die Schuhe auf der Matte abgetreten?", will der Trainer wissen. "Ja", antwortet der Spieler. "Sehr spannend, denn vor der Tür liegt gar keine Matte!", entlarvt der Trainer den Neuzugang.

Kurz vor dem Anpfiff des entscheidenden WM-Finales kommt ein Mann zum Stadion gehetzt. "Tut mir leid, es ist alles bis auf den letzten Platz ausverkauft", sagt der Kartenverkäufer traurig. "Ach klasse", sagt der Mann atemlos. "Dann geben Sie mir doch einfach den letzten Platz!"

Der Trainer kommt mit ernster Miene in die Kabine: "Ich wünsche mir, dass wir heute endlich mal wieder gewinnen und damit den Abstieg verhindern. Das wäre das schönste Geburtstagsgeschenk, welches ihr mir machen könnt!" "Zu spät", sagt der Kapitän. "Wir haben dir schon eine Krawatte besorgt."

Unnützes Fußball Wissen für Jungs & Männer

"Sie kommen jetzt schon zum sechsten Mal, um sich eine Karte für das Spiel zu kaufen. Haben Sie nicht langsam genug Karten gekauft?" fragt die Verkäuferin den Mann in der Geschäftsstelle. "Doch", antwortet dieser entnervt, "aber der Typ am Eingang zerreißt mir die Karten immer!"

Zwei Männer unterhalten sich in der Mittagspause auf der Arbeit über das gestrige Spiel. "Gestern war ich im Stadion und das Spiel war so schlecht, dass die Spieler sogar mit faulen Eiern beworfen wurden", schüttelt der eine den Kopf. "Ach wirklich? Auf der Straße hat man nur tosenden Applaus gehört?!", wundert sich der Arbeitskollege. "Ja, es wurde immer applaudiert, wenn ein Spieler getroffen wurde!", erklärt er ihm.

Sami Khedira zu Mesut Özil: "Boah, bei dem Stromausfall gestern musste ich zwei Stunden lang im Fahrstuhl ausharren." "Ach, das ist doch gar nichts", wehrt Özil ab. "Ich musste zwei Stunden lang auf der Rolltreppe warten, ehe es weiter ging."

Warum hat das Stadion in Gladbach (kann durch jede andere Mannschaft ersetzt werden) mittlerweile ein Dach bekommen? Glücksspiele unter freiem Himmel sind streng untersagt.

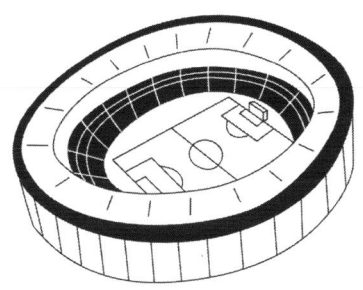

Unnützes Fußball Wissen für
Jungs & Männer

Warum ist Miroslav Klose (kann durch jeden anderen Stürmer ersetzt werden)? so oft krank? Weil er die ganze Zeit im Sturm stehen muss.

Wie gelingt es einem, in Gelsenkirchen einen Sitzplatz im vollen Bus zu ergattert? Man schreit einfach ganz laut: "Steht auf, wenn Ihr Schalker seid!"

Manuel Neuer (kann durch jeden anderen Torwart ersetzt werden) steht im Tor und wehrt sich herzzerreißend gegen eine Schar von Mücken. Plötzlich kommen ein paar Glühwürmchen übers Feld geschwebt. Neuer zu Boateng: "Verflixt, jetzt haben die Stechtiere auch noch Taschenlampen mitgebracht."

Ein Journalist fragt nach dem Spiel: "Was ist das für ein Gefühl, wenn Ihre Mannschaft gewinnt?" Der Mannschaftskapitän denkt kurz nach und sagt dann: "Puh, das weiß ich nicht so genau. Ich spiele hier erst seit zwei Jahren in diesem Verein."

9

Anekdoten aus dem Fußball – hättest du das gewusst?

Viele Stars zeichnen sich durch außergewöhnliche Namen aus. Zum Teil sind es selbstgewählte Künstlernamen, zum Teil sind die Namen aber auch eine Mitgift der Eltern, die ihren Sprösslingen zumindest diesen Teil des Weges ebnen wollen. Viel Humor schienen in diesem Punkt die Großeltern der beiden Nationalspieler Gary und Phil Neville gehabt zu haben. Denn deren Sohn und Vater der beiden Nationalspieler trägt denselben Namen sowohl als Vor- wie auch als Nachname. Er heißt Neville Neville. Lange Zeit wurde ein großes Geheimnis darum gemacht, wie Neville Neville zu seinem Namen gekommen war. Weißt du wie es dazu kam?

„Meine Großmutter war die sturste und streitlustigste Person, der ich in meinem ganzen Leben begegnet bin. Man erzählt sich, dass sie am Tag nach der Geburt meines Vaters im Spital lag und dabei Besuch von ihrer Schwester erhielt. Das kleine Baby hatte das Namensschild ‚Neville' über dem Bett und als eine Krankenschwester hereinkam, fragte sie, ob ‹Neville› der Vorname dieses Kindes sei.

Die Schwester meiner Großmutter verneinte, doch der gefiel der Klang, den ‹Neville Neville› hat. Je mehr ihre Schwester sich darüber beklagte, wie lächerlich diese Kombination sei, umso mehr stand für meine Großmutter fest, dass ihr Kind genau so heißen soll.

Sein Name half meinem Vater zumindest in einer Hinsicht: Wer ihn einmal getroffen hatte, vergaß ihn nie mehr" Gary Neville

Diego Armando Maradona ist bereits seit einiger Zeit von uns gegangen. Legendär ist er aber noch immer. Endgültige Berühmtheit erlangte er durch sein einzigartiges Tor bei der WM 1986 gegen England. Das Jahrhunderttor, so wird es noch heute angepriesen. Doch nicht das

Unnützes Fußball Wissen für
Jungs & Männer

Tor allein steht hier im Vordergrund. Eine ebenso große Berühmtheit in Argentinien und der ganzen Welt erlangte die Aussage von Hector Enrique, welche mit dem Tor so verbunden ist, wie Maradona es auch ist. Kennst du die Aussage?

„Mein Pass war so gut, dass es für Maradona schwierig war, dieses Tor nicht zu erzielen." Hector Enrique

Der niederländische Spieler Leroy Fer trat rund 11 Mal in seiner Karriere als Nationalspieler an. Kickte er nicht für die 11 der Oranje, trat er gegen den Ball bei Twente Enschede. Mit einem Kumpel wurde es dann aber wohl doch eines Tages langweilig und so entschieden die zwei, zu einer Rennpferdauktion zu gehen. Weißt du, was an diesem Tag geschehen ist?

Fer wurde ganze 10 Minuten stolzer Besitzer eines Rennpferdes. Bei den Tieren, welche die 500.000 €-Marke kratzen, bot er nicht mit. Doch lassen wir ihn selbst zu Wort kommen:

„Dann war da ein Pferd, von dem sie sagten, es sei sicher nicht das beste, aber in Ordnung. Ich spielte auf meinem Telefon herum, hörte ‹30.000 Euro› und sagte, das sei nun etwas für mich. Ich rechnete ja damit, dass der Preis noch steigen wird. Doch das tat er nicht. Ich hatte ein Pferd und begann zu schwitzen, schließlich wollte ich gar keines. Ich lebte in einer Wohnung und hatte keinen Platz." Leroy Fer

Da musste dem Niederländer ganz schön der Popo auf Grundeis gegangen sein. Doch das Glück war ihm hold. Und so schildert er weiter: „Jemand kam und fragte mich, ob ich das Pferd wirklich wolle. Ich gestand ihm, dass ich eigentlich nur aus Blödsinn geboten habe.

Er offerierte mir 35.000 Euro und so zog ich schlussendlich sogar mit Gewinn davon." Leroy Fer

Ob er wohl jemals vom Fußball in den Sattel wechseln wird? Wer weiß das schon, was noch kommt!

Der nächste Spieler ist ein wahrer Rekordhalter. 786 Spiele spielte er im Trikot von AS Roma. 307 Tore schoss er und stellte damit einen weiteren Rekord des Clubs auf. Er zählt als ewiger Kapitän von AS Roma, spielte er doch ein knappes Vierteljahrhundert für diesen Verein. Die Rede ist von Francesco Totti. In der Saison 2000/2001 gewann er mit dem AS Roma sogar die Meisterschaft. Das war einmalig, wie er es selbst beschreibt. Doch als römischer Kaiser, wie Totti genannt wird, konnte er sich schlecht unter die Leute mischen, um dieses Gefühl, die Feier und diese Ehre am eigenen Leib mitzuerleben. Weißt du, was Totti dann tat?

„Ich bin Römer und konnte in jener Nacht nichts anderes tun, als eine Runde mit dem Roller in der Stadt zu drehen, natürlich mit Helmvisier, um an der Glückseligkeit der Leute teilzuhaben. Tatsächlich war es sehr unvernünftig, denn ich habe zu viel getrunken und sehe nun alles doppelt. Aber ich fahre, begleitet von Freunden und Verwandten, langsam, um das Fahnenmeer zu genießen, die Farben – Gelb und Rot –, die ganz Rom zieren, diese grenzenlose Freude, die schönste Nacht meines Lebens und im Leben vieler, die an meiner Seite fahren und keine Ahnung davon haben, wer da unter dem Helm steckt." Francesco Totti

David Alaba ist wohl vielen Fußballfans ein eindeutiger Begriff. Spielte der junge Mann mit nigerianischen Wurzeln doch lange Zeit

Unnützes Fußball Wissen für
Jungs & Männer

für den Top-Verein FC Bayern München. Doch hier soll es nun nicht um David Alaba gehen, sondern um seinen Vater George Alaba. Mit Fußball hat es wenig zu tun, seine zwei Berühmtheiten liegen weit abseits des Fußballplatzes. Weißt du, warum der Vater von David Alaba, George Alaba, es gleich zweifach zu Berühmtheit geschafft hat?

Zum einen wurde der Vater Österreichs berühmtesten Kickers zum ersten Gardesoldaten mit dunkler Hautfarbe im österreichischen Bundesheer im Jahr 1995. Das war ein großes mediales Spektakel und ging durch die Presse. Zum anderen jedoch wurde George Alaba im Jahr 1997 mit dem Lied Indian Song bekannt. Dort übernahm Alaba den männlichen Part des Duos Two in One. Indian Summer wurde zu einem Hit – zu einem wahren Sommerhit, der noch heute bekannt ist.

Resistencia Sport Club ist ein Verein, welcher in der Hauptstadt Paraguays, Asuncion, beheimatet ist. Fußballerisch war der Verein nicht besonders erfolgreich und es ist sehr wahrscheinlich, dass du noch nie etwas von dem Verein gehört hast. Gerade einmal 4 Meistertitel der zweiten Liga konnte der Verein für sich verzeichnen und das ist auch schon das größte, was er im Fußball vorzuweisen hat. Trotzdem könnte der Verein dir ein Begriff sein und zwar für einen außergewöhnlichen Fan. Weißt du, wer das ist?

Bei diesem Fan handelt es sich um einen Baum, der vor zig Jahren auf einer Tribüne seine Wurzeln geschlagen hat. Der Baum wurde nie abgeholzt und durfte also auf der Tribüne wachsen und groß und stark werden. Im Jahr 2017 hatte der Verein eine große Feier zum 100-jährigen Bestehen des Clubs. Mit dabei: der Baum. Und weil dieser Baum seiner Mannschaft in guten wie in schlechten Zeiten, bei Wind und Wetter stets treu ergeben war, wurde der Baum zum Ehrenmitglied des Vereins ernannt.

Ein schwarzer Tag war es für den 1. FC Nürnberg im Jahr 1969. Ein Jahr zuvor: Im Jahr 1968 feierten die Franken ausgiebig, hatten sie doch die Meisterschaft für sich entschieden. Das Team rund um den Trainer Max Merkel sollte jedoch eine Erneuerung erfahren. Warum auch mit einem funktionierenden Team weiterspielen? Es gingen insgesamt 3 der wichtigsten Spieler vom 1. FC Nürnberg in andere Vereine. Dafür wiederum kamen 13 neue Spieler zur Mannschaft hinzu. Hätte man ihm doch bloß gesagt, dass man ein funktionierendes System nicht verändern sollte. Weißt du was geschah?

Erst noch Meister und in der folgenden Saison haben sich die Mittelfranken auf dem 17. Platz wiedergefunden. Ehe sie begriffen was geschah, fanden Sie sich in der zweiten Liga wieder. Auch die Entlassung von Max Merkel, der den Platz für Kuno Klötzer freimachen musste, konnte nichts mehr an der Tatsache verändern. Vor allem dem Trainer wurde die Schuld an diesem Abstieg angelastet. In der Sommerpause ließ dieser seine Spieler angeblich Bergläufe mit 2500 Höhenmeter absolvieren – und das nicht nur einmal. Die Mannschaft befand sich zu Saisonbeginn in einer desaströsen Verfassung, die sich dann über die ganze Saison hinweg durchziehen sollte. Wer hoch oben steht, kann eben auch tief fallen!

„Ich habe fertig!", so lautete die eindeutig wütende Rede des damaligen Trainers von FC Bayern München Giovanni Trapattoni. Diese Aussage kennt heute wirklich jedes Kind, ob fußballbegeistert oder nicht. Nun weiß auch jedes Kind, dass Trapattoni längst nicht mehr als Trainer für den FC Bayern München fungiert. Stattdessen ist er im Laufe seiner Karriere zum Red Bull Salzburg gewechselt. Und auch dort gab es nicht immer nur Sonnenschein. 2008 war Trapattoni so wütend, als er während einer Pressekonferenz für seine Trainingsmethoden kritisiert wurde. Zu altmodisch sollen diese gewesen sein. Außerdem warf man dem Trainerurgestein vor, dass sein System zu defensiv wäre. Weißt du wie Trapattoni reagierte?

Er wurde wieder fuchsig und gab den Journalisten auf seine Kritik hin folgende Antwort:

Unnützes Fußball Wissen für
Jungs & Männer

„Wörter sind sehr einfach. Wer kann machen, machen. Wer kann nicht machen, sprechen. Wer kann nicht sprechen, der schreiben." Giovanni Trapattoni

Und dieser Ausbruch brachte dem Trainer genau so viel Sympathie ein, wie sein Wutausbruch es in Bayern damals auch schon getan hatte. Und was lernst du daraus? Wer nicht sprechen kann, der schreibt eben!

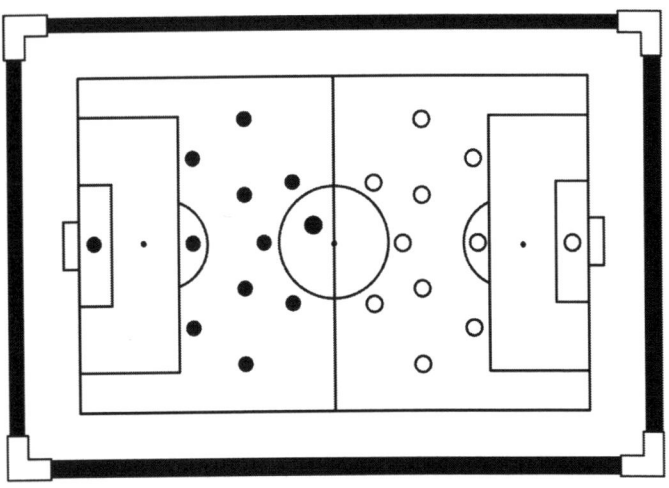

Christiano Ronaldo ist nicht nur ein bekannter Fußballer. Der Ausnahmekicker ist oft in aller Munde und die Frauenwelt himmelt den Fußballer wahrlich an. Die Männer hingegen schätzen (oder verfluchen) ihn für seine Aktivität am Ball. Doch Christiano Ronaldo weiß, dass es mit dem Fußball und der Attraktivität irgendwann aus ist und deshalb etablierte er außerdem noch seine Produktlinie, welche unter dem Namen CR7 läuft und er verkauft mit dieser

Unterwäsche und Schuhe. Doch die Welt ist anscheinend nicht genug für den Kicker. Denn weit jenseits der Erde macht er seinem Namen ebenfalls alle Ehre. Weißt du, was es damit auf sich hat?

Kürzlich fand die Gruppe an Forschern rund um den Wissenschaftler Dr. David Sobral eine neue Galaxie in den Weiten unseres Universums. Der Wissenschaftler der Universität Lissabon zögerte nicht lange, als er auch den Namen für die neuentdeckte Galaxie bestimmen durfte. Zu Ehren von Christiano Ronaldo wurde die Galaxie „Cosmos Redshift 7" getauft oder kurz: CR 7. Was für eine tolle Huldigung!

Von Portugal geht es nun weiter nach Argentinien. Der argentinische Traditionsverein Club Atlético San Lorenzo de Almagro hat viele wichtige Meilensteine für sich beanspruchen können. Einst war sein größter international bekannter Fan niemand geringeres als der US-Schauspieler Viggo Mortensen. Als Kind lebte er ein paar Jahre in Argentinien und schenkte dem Club sein Herz. Doch nicht allein Unterstützung aus Hollywood wird dem Verein zuteil! Noch eine ganz große Persönlichkeit haucht Atlético San Lorenzo de Almagro Glamour der etwas anderen Art ein. Weißt du, um welche Person es sich hierbei handelt?

Niemand geringeres als Papst Franziskus ist der große Fan des Clubs. Und so kann man sagen, dass der Verein den päpstlichen Segen hat. Schon als Kind war der heutige Papst Franziskus Feuer und Flamme für den argentinischen Traditionsverein Club Atlético San Lorenzo de Almagro. Früh wurde er Mitglied und trägt noch heute die stolze Mitgliedsnummer 88.235. Mit dem höchsten Vertreter Gottes auf Erden konnte sich der Club im Jahr 2014 über den Gewinn der Copa

Libertadores freuen und 2015 wurde der Papst zum Namensgeber des Stadions. So wahr Gott will...

Vor kurzem gab es einen großen Wirbel um eine Studie rund um den Soziologie-Professor Ulrich Rosar. Diese Studie wird von einigen Fußballfans belächelt, wiederum andere konnten mit der Studie konform gehen. Weißt du, um was es sich handelt?

In der Studie „Physische Attraktivität und individuelles Leistungsverhalten" wurden insgesamt 438 Bundesligaprofis genauer unter die Lupe genommen. Das Forscherteam bewertete deren Attraktivität und setzte dies in Relation zu relevanten Fakten wie Torbilanz, Ballbesitz und gewonnene Zweikämpfe. Das Ergebnis: Die unattraktiven Spieler können besser Fußball spielen. Die Begründung von Rosar: Den attraktiven Fußballspielern würden viele positive Eigenschaften zugeschrieben, obwohl sie diese gar nicht besitzen. Doch Achtung! Ausnahmen bestätigen die Regel.

Stefan Raab ist, trotz seiner medialen Abstinenz, noch immer ein Begriff. Besonders die Fußballwelt wurde von ihm am 18.11.2005, passend zur WM 2006 von dem Entertainer geprägt. Doch weißt du auch womit?

„Schland" ging seinerzeit durch aller Munde und ist auch heute noch ein Dauerbrenner. Der Name „Schland" ist jedoch von Raab zur geschützten Wortmarke ausgerufen. Das Wort wird unter der Registriernummer 30550866 beim Deutschen Patent- und Markenamt geführt.

Unnützes Fußball Wissen für
Jungs & Männer

1965 – es steht das Viertelfinalspiel im Europapokal an. Der 1. FC Köln trifft auf den FC Liverpool. Ausgetragen wurde das Spiel in Rotterdam. Das Spiel selbst war nicht nur stark von den Spielern umkämpft, sondern auch noch sehr rau. „Bulle Weber", der eisenharte Verteidiger Kölns, galt als nicht zimperlich. In der ersten Halbzeit verletzte sich der Spieler, doch Ein- und Auswechslungen gab es zu jener Zeit noch nicht. Wie ging die Geschichte aus?

Bulle Weber quälte sich nach dem Zusammenprall mit einem gegnerischen Spieler und Schmerzen im rechten Bein bis zur Halbzeitpause. Erst dann konnte ein Arzt sein Bein untersuchen. Trotz sichtlicher Schmerzen bescheinigte der Arzt, dass Weber weiterspielen konnte. Und das war auch Webers Wille, denn Köln lag mit 2 Toren zurück. Immer wieder jedoch sackte Weber auf dem Spielfeld in sich zusammen und muss sehr starke Schmerzen erlitten haben. Trotz aller Qualen ging das Spiel 2:2 aus und der Schiedsrichter musste eine Münze werfen. Beim ersten Mal landete sie exakt senkrecht im Rasen. Den zweiten Münzwurf nahm Weber schon gar nicht mehr wahr. Als die englischen Fans jubelten, stand aber fest, dass der FC Liverpool das Spiel gewonnen hatte. Ein Trostpflaster gab es für Köln nicht, ganz im Gegenteil. Weber hat ¾ des Spiels mit einem gebrochenen Wadenbein gespielt, wie sich nach dem Spiel herausstellte.

Unnützes Fußball Wissen für
Jungs & Männer

Das DFB-Pokalspiel 1972/1973 war ein besonderes. Borussia Mönchengladbach stand dem 1. FC Köln gegenüber. Knapp 70.000 Zuschauer wollten das Spektakel live im Rheinstadion verfolgen. Doch dieses Spiel war nicht nur ein DFB-Pokalspiel, sondern es sollte ebenfalls das Verabschiedungsspiel von Fußballlegende Günter Netzer sein. Doch sofort ran durfte Netzer nicht. Trainer Hennes Weisweiler wollte den Spieler zunächst auf der Auswechselbank sehen. Weißt du, was das Kuriose an dem Spiel war?

Günter Netzer wechselte sich selbst ein! Schon lange vor dieser Tat forderten die Fans ein, dass Netzer endlich aufs Feld soll. Doch bis zum Ende der regulären Spielzeit tat sich nichts. In der kurzen Pause vor der Verlängerung schlenderte Netzer dann zu Kulik und fragte nach seinem Ergehen. Er sei völlig platt und könne nicht mehr. Netzer zog seine Sportjacke aus und Kulik ging davon aus, dass die Einwechslung mit dem Trainer abgesprochen sei. Dieser wusste jedoch von nichts und bekam nur eine Randnotiz von Netzer, die lautete: „Ich spiele dann jetzt!" Kulik kam ohne Murren und sichtlich dankbar vom Feld. Zur Krönung schoss Netzer das entscheidende Siegtor!

Ein Trainer ist eben nicht nur für seine Spieler zuständig, sondern auch für andere Angestellte. Zumindest muss das Horst Ehrmanntraut, einstiger Trainer der Eintracht aus Frankfurt gedacht haben. Die Mannschaft war in dem Mannschaftsbus auf dem Weg zum Stadion. Doch was passierte dann?

Dem Trainer hat die Fahrt wohl zu lange gedauert und die roten Ampeln empfand er auch als lästig. Und so schnappte sich der Coach einen Besen und drückte das Gaspedal mit diesem. Außerdem entließ er den armen Busfahrer mit der Begründung, dass sie andauernd vor roten Ampeln standen. Später erläuterte er die Situation bei den 11 Freunden wie folgt:

"Wenn meine Zeiten nicht eingehalten wurden, konnte ich grantig werden. Ich habe den Mann aber nicht entlassen, das stand mir gar nicht zu. Ich habe Druck ausgeübt. Es gehört zur Arbeit eines Busfahrers dazu, den Weg exakt zu kennen. Ich habe meine Fahrer immer genauestens instruiert. Es war minutiös ausgearbeitet, wann vor dem Hotel Abfahrt und am Stadion Ankunft sein sollte. An jenem Tag fingen wir mit der Mannschaftssitzung an. Dem Busfahrer blieb also der ganze Morgen, die Strecke abzufahren, die Zeit zu stoppen und mir die Daten zu übermitteln."

Horst Ehrmanntraut

10

Weisheiten aus dem Fußball – gut zitiert in jeder Lebenslage

„Der Ball ist rund. Wäre er eckig, wäre er ja ein Würfel."

Ex-Trainer Gyula Lorant

„Der Ball ist rund, und das Spiel dauert 90 Minuten."

Sepp Herberger, Weltmeister-Trainer von 1954 (gestorben 1977).

„Da krieg' ich so den Ball und das ist ja immer mein Problem."

Ex-Nationalspieler Gerald Asamoah.

„Da war ein sinnliches Verhältnis zu meinem Objekt, das bei jedem Fußtritt anders reagiert, das stets anders behandelt werden wollte."

Günter Netzer

„Das Ventil des Balles muss immer oben liegen und die Markierung des Herstellers rechts – und da haue ich drauf, fertig."

Mario Basler

„Am Spielstand wird sich nicht mehr viel ändern, es sei denn es schießt einer ein Tor."

Franz Beckenbauer

Unnützes Fußball Wissen für Jungs & Männer

„Ich glaube nicht, daß wir das Spiel verloren hätten, wenn es 1:1 ausgegangen wäre."

Uli Hoeneß

„Wunderbar, wie er seinen Körper zwischen sich und den Gegner schiebt"

Udo Lattek

„Wir dürfen jetzt nur nicht den Sand in den Kopf stecken!"

Lothar Matthäus

„Mal verliert man, und mal gewinnen die anderen."

Otto Rehagel

„Mailand oder Madrid – Hauptsache Italien!"

Andreas Möller

„Zuerst hatten wir kein Glück, und dann kam auch noch Pech dazu."

Jürgen Wegmann

„Wir wollten in Bremen kein Gegentor kassieren. Das hat auch bis zum Gegentor ganz gut geklappt."

Thomas Häßler

Unnützes Fußball Wissen für
Jungs & Männer

„Zur Schiedsrichterleistung will ich gar nichts sagen, aber das war eine Frechheit, was da gepfiffen wurde!"

Stefan Reuter

„Daran sind nur die Schiedsrichter schuld, da bin ich ganz selbstkritisch."

Markus Osthoff

"Fußball ist ein einfaches Spiel: 22 Männer jagen 90 Minuten lang einem Ball nach, und am Ende gewinnen immer die Deutschen."

Gary Lineker (Dieses Zitat stammte nach dem Aus im Halbfinal zwischen den "Three Lions" und Deutschland bei der WM 1990

"Das darf keine Rolle spielen, ob da 50, 55 oder 70 Grad herrschen auf dem Platz."

Lukas Podolski (Seine Antwort auf die Frage, ob die Spieler bei der WM 2014 mit der Hitze in Brasilien Probleme haben würden)

"Ich habe schon eine Lederhose, aber die hat mir nicht der FC Bayern geschenkt."

Manuel Neuer

"Langsam habe ich das Gefühl, dass ich mit meinem linken Fuß mehr anfangen kann, als nur Bier zu holen."

Thomas Müller

Unnützes Fußball Wissen für Jungs & Männer

"Wir müssen jetzt die Köpfe hochkrempeln – und die Ärmel auch."

Lukas Podolski

"Ich denke nicht vor dem Tor. Das mache ich nie."

Lukas Podolski

Die Engländer brauchen Regen, wenn sie Weltmeister werden wollen."

Roque Santa Cruz

"Für Streicheleinheiten müssen wir uns eine Katze kaufen."

Miroslav Klose

"Ich dachte, der Torwart darf im Strafraum die Hände benutzen."

Oliver Kahn

"Das konnten wir nicht testen - leider. Ich konnte meine Mannschaft nicht anweisen, in Rückstand zu gehen."

Silvia Neid

Unnützes Fußball Wissen für
Jungs & Männer

"Was ich meiner Sturmkollegin Birgit Prinz mit auf den Weg gebe? Es ist wohl eher so, dass die Birgit mir Tipps geben kann."<

Mario Gomez

"Ich weiß ja nicht, ob Sie das Spiel schauen oder währenddessen Karten spielen."

Felix Magath (Aussage von ihm zu einem TV-Reporter)

"Ich habe zu meiner Mannschaft gesagt: Stürmen. Sie haben wohl Türmen verstanden."

Aleksandar Ristic

"Wenn die Eckfahne Nutella-Fahne heißt, höre ich auf."

Manfred Breuckmann (Aussage, als er auf das Thema Kommerzialisierung angesprochen wurde)

"Ja gut, ähhh, einen wie den Robben brauchen wir natürlich nicht. Er ist ein reiner Außenstürmer. So weit ich weiß steht das Tor aber immer noch in der Mitte."

Franz Beckenbauer (Seine Aussage 2007 in einem Interview, als die Verpflichtung von Arjen Robben im Raum stand)

"Wenn man ein 0:2 kassiert, dann ist ein 1:1 nicht mehr möglich."

Aleksandar Ristic

Unnützes Fußball Wissen für Jungs & Männer

"Mein Problem ist, dass ich immer sehr selbstkritisch bin, auch mir selbst gegenüber."

Andreas Möller

"Von hinten!"

Timo Hildebrand (Antwort, als er gefragt wurde, wie er den Sieg in Hannover sah)

"Das da vorn, was aussieht wie eine Klobürste, ist Valderrama."

Bela Rethy

"Ich hatte vom Feeling her ein gutes Gefühl."

Andreas Möller

"Da geht er, ein großer Spieler. Ein Mann wie Steffi Graf."

Jörg Dahlmann

"Fußball ist Ding, Dang, Dong. Es gibt nicht nur Ding."

Giovanni Trappatoni

"Ich habe viel von meinem Geld für Alkohol, Weiber und schnelle Autos ausgegeben. Den Rest habe ich einfach verprasst."

George Best

Unnützes Fußball Wissen für
Jungs & Männer

"Mein Name ist Finken, und du wirst gleich hinken."

Herbert Finken (als der sogenannte Berliner Tasmane seinen Gegenspieler beim Spiel begrüßt)

"Wir müssen gewinnen, alles andere ist primär."

Hans Krankl

"Diesen deutschen Spieler kann kein Mensch aussprechen, ich muss mal auf meine Liste schauen: Shi-wai-nu-shi-tai-gari. Nennen wir ihn einfach 'Das Lachsgesicht mit der Bürste auf dem Kopf.'"

Kiyoshi Inoue (japanischer Fußball-Kommentator, tätigt die Aussage bei der WM 2006)

"Jetzt sieht er aus wie ein frisch lackierter Totalschaden!"

Mario Basler (Seine Äußerung über die gerade neu geschorene Glatze von Christian Ziege)

"Da kam dann das Elfmeterschießen. Wir hatten alle die Hosen voll, aber bei mir lief's ganz flüssig."

Paul Breitner

"Wenn wir hier nicht gewinnen, dann treten wir ihnen wenigstens den Rasen kaputt."

Rolf Rüßmann

Unnützes Fußball Wissen für Jungs & Männer

"Der Jürgen Klinsmann und ich, wir sind ein gutes Trio. Ich meinte: ein Quartett."

Fritz Walter jun.

"Wenn ich nicht will, lauf ich im Spiel nicht mehr als einen Kilometer; und da ist der Weg von und zu der Kabine schon drin."

Jürgen Kurbjuhn

"Ich kann nicht mehr als schießen. Außerdem standen da 40 Leute auf der Linie."

Toni Polster (Aussage von ihm über eine von ihm vertane Torchance)

"Auch die Schiedsrichter-Assistenten an der Linie haben heute ganz ordentlich gepfiffen."

Wilfried Mohren

"Was meine Frisur betrifft, da bin ich Realist."

Rudi Völler

"Ich habe ihn nur ganz leicht retuschiert."

Olaf Thon

"Was, der Kapellmann wird Arzt? Der wird doch Doktor!"

Manfred Kaltz

"Sylvester Stallone und Arnold Schwarzenegger in der Abwehr, Bruce Willis im Mittelfeld und Jean Claude van Damme im Sturm."

Rainer Bonhof (Antwort auf die Frage, wie er vorhat, seine verletzten Spieler für die Zeit zu ersetzen)

"Ja, der FC Tirol hat eine Obduktion auf mich."

Peter Pacult

"Heute war es wohl ein Schuss ins Ofenrohr."

Lorenz-Günther Köstner

"Die angeschlagenen Ulmer Spieler sind schneller gehumpelt als meine gelaufen sind."

Herman Gerland

"Sollten Sie dieses Spiel atemberaubend finden, dann haben Sie es an den Bronchien."

Marcel Reif

"Ich habe fertig."

Giovanni Trapatoni

"Man darf jetzt nicht alles so schlecht reden, wie es war."

Fredi Bobic

Unnützes Fußball Wissen für
Jungs & Männer

"Sie sollten das Spiel nicht zu früh abschalten. Es kann noch schlimmer werden."

Heribert Faßbender

"Hup, Holland, Hup - hat den Vorteil, dass man es auch bei Schluckauf weitersingen kann."

Gerhard Delling

"Das ist Schnee von morgen."

Jens Jeremies

„Man muss nicht immer das Salz in der Suppe suchen."

Philipp Lahm

„Wenn schon vier Leute so viele Fehler machen, ist es vielleicht richtig, dass man auf eine Dreierkette umstellen sollte."

Ralf Rangnick

„Niemand, der jemals sein Bestes gegeben hat, hat es später bereut."

George Halas

„Ein Denkmal will ich nicht sein, darauf scheißen ja nur die Tauben"

Toni Polster

Unnützes Fußball Wissen für
Jungs & Männer

„Es ist nichts scheißer als Platz zwei"

Erik Meijer

„Wir lassen uns nicht nervös machen, und das geben wir auch nicht zu!"

Olaf Thon

„Es war toll, es war klasse, es war wie ein Albtraum"

Torsten Legat

„Entweder ich gehe links vorbei, oder ich gehe rechts vorbei"

Ludwig Kögl

„Ab der 60. Minute wird Fußball erst richtig schön. Aber da bin ich immer schon unter der Dusche"

Andreas Herzog

„Auffe Bank sitzen is scheiße, da tut dir der Arsch weh"

Roy Präger

„Auch größenmäßig ist es der größte Nachteil, daß die Torhüter in Japan nicht die Allergrößten sind"

Klaus Lufen

Unnützes Fußball Wissen für
Jungs & Männer

„Auf abseits zu spielen, ist in Deutschland sehr gefährlich. Die Spieler können das, aber die Linienrichter sind oft nicht dabei"

Aad de Mos

„Das größte Problem beim Fußball sind die Spieler. Wenn wir die abschaffen könnten, wäre alles gut"

Helmut Schulte

„Eine Straßenbahn hat mehr Anhänger als Uerdingen."

Max Merkel

„Die Deckung hat Angst vor ihrem schwachen Torwart. Deshalb spielt sie so gut!"

Udo Lattek

„Es ist egal, ob ein Spieler bei Bayern München spielt oder sonst wo im Ausland."

Erich Ribbeck

„Es steht 1:1, genauso gut könnte es umgekehrt stehen"

Heribert Faßbender

„Welche Statistik stimmt schon? Nach der Statistik ist jeder 4. Mensch ein Chinese, aber hier spielt gar kein Chinese mit"

Werner Hansch

Unnützes Fußball Wissen für
Jungs & Männer

„Auch wenn er über links kommt, hat er nur einen rechten Fuß"

Gerd Rubenbauer

„Die Luft, die nie drin war, ist raus aus dem Spiel"

Gerhard Delling

„Die Schotten sind meistens eher zu Hause als ihre Postkarten"

Wilfried Mohren

„Wir sind eine gut intrigierte Truppe."

Lothar Matthäus

„Die Karten sind neu gewürfelt."

Oliver Kahn

„Ich bin eigentlich ganz anders. Nur habe ich leider überhaupt keine Zeit dazu."

Berti Vogts

„Mal ist man der Hund, mal ist man der Baum."

Mario Götze (Seine Reaktion auf Kritik bei der EM 2016)

„Ich wechsle nur aus, wenn sich einer ein Bein bricht."

Werner Lorant

Unnützes Fußball Wissen für Jungs & Männer

„Ob Felix Magath die Titanic gerettet hätte, weiß ich nicht. Aber die Überlebenden wären topfit gewesen."

Jan-Aage Fjörtoft

„In der Schule gab's für mich Höhen und Tiefen. Die Höhen waren der Fußball."

Thomas Häßler

„Wir wollten in Bremen kein Gegentor kassieren. Das hat auch bis zum Gegentor ganz gut geklappt."

Thomas Häßler

„Aus dem Hintergrund müsste Rahn schießen – Rahn schießt – Tooooor! Tooooor! Tooooor! Tooooor!"

Herbert Zimmermann

„Das war eine gut organisierte WM mit grausamem Getöse, mit schlechten Schiedsrichtern und durchschnittlichem Fußball. Alles wird überschattet durch die überragende deutsche Mannschaft."

Günter Netzer

„Aus! Aus! Aus! – Aus! – Das Spiel ist aus! Deutschland ist Weltmeister."

Herbert Zimmermann

Unnützes Fußball Wissen für
Jungs & Männer

„Ich kann gar nicht alt genug werden, um alle Überraschungen, die der Fußball so parat hat, verkraften zu können."

Hans Meyer

„Ich glaube, dass der Tabellenerste jederzeit den Spitzenreiter schlagen kann."

Berti Vogts

„Es ist wichtig, dass man 90 Minuten mit voller Konzentration an das nächste Spiel denkt."

Lothar Matthäus

„Zwei Chancen, ein Tor - das nenne ich hundertprozentige Chancenauswertung."

Roland Wohlfahrt

„Was nützt die schönste Viererkette, wenn sie anderweitig unterwegs ist."

Johannes B. Kerner

„Das wird doch alles von den Medien hochsterilisiert!"

Bruno Labbadia

„Nein, liebe Zuschauer, das ist keine Zeitlupe, der läuft wirklich so langsam."

Werner Hansch

11

Bist du wirklich ein waschechter Fußballfan? (Quiz)

Unnützes Fußball Wissen für
Jungs & Männer

Du hast dir das Buch gut durchgelesen und hast ein gutes Maß an unnützem Wissen angehäuft? Sehr gut! Denn genau das wird nun auf die Probe gestellt. Ich fordere dich in einem fairen Zweikampf nun dazu heraus, dein unnützes Wissen preiszugeben.

Wie läuft das ab? Du bekommst nun 30 Fragen gestellt, welche sich auf die Inhalte dieses Buches beziehen. Die Fragen sind kunterbunt gemischt. Du sollst nach Möglichkeit so viele Fragen richtig beantworten, wie es geht. Für jede richtig beantwortete Frage gibt es einen Punkt. Im Anschluss findest du nicht nur die Auflösung, sondern du findest auch dein Ergebnis. Ich wünsche dir viel Spaß dabei.

Ein kleiner Funfact am Rande: Du kannst das Quiz gegen andere Fußballfans spielen und ihr könnt euren Wissensstand vergleichen.

Nr.	Frage
1	Das Zitat „Zwei Chancen, ein Tor - das nenne ich hundertprozentige Chancenauswertung" stammt von wem?
2	Da hat doch echt jemand mit dem Besenstiel auf das Gaspedal gedrückt, um nicht zu spät beim Spiel zu erscheinen. Rote Ampeln waren keine Rechtfertigung, denn dieser Trainer entließ den Busfahrer kurzerhand. Um wen geht es?
3	Die Großeltern von ... hatten einen besonderen Humor, wie Gary Neville später berichten wird. Der Vater von Gary und Phil Neville trägt einen besonderen Namen. Wie lautet er?

Unnützes Fußball Wissen für
Jungs & Männer

Nr.	Frage
4	Der Ball gehört ins Stadion und nicht mit nach Hause. Darauf zu achten, dass der Ball nicht entwendet wird, ist die Aufgabe der Schiedsrichter. Im welchem Jahr waren diese jedoch nachlässig und aus diesem Grund konnte Helmut Haller den Ball mit nach Deutschland nehmen?
5	Der Druck des Balls ist auch vorgeschrieben. Doch bei wie viel bar lag dieser gleich noch?
6	Jose Luis Chilavert ist ein besonderer Fußballer. Immer wenn es um Freistöße oder Elfmeter geht, ist der Spieler gefragt. Allerdings spielt er doch auf einer ganz anderen Position, aber auf welcher bloß?
7	Wie oft wurde in der Spielsaison 2013/2014 aufs Tor geschossen?
8	Brazuca, Jabulani, Teamgeist und Telstar, was war das doch gleich?
9	Welches große europäische Großereignis gibt es erst seit 1960?
10	Wie wird der Vokuhila in Ungarn genannt?
11	Aus Wales stammt der Schiedsrichter, der die meisten Platzverweise bei einem EM-Spiel aussprach. Doch wie war gleich sein Name und wie viele Karten waren es?
12	Welche drei Logos dürfen auf keinem WM Ball fehlen?
13	In der brasilianischen Liga stand auf einmal ein Nackedei zwischen den Pfosten und hielt den Ball auch noch. Das geht natürlich nicht! Wie muss sich der Schiedsrichter in so einem Fall entscheiden?

Nr.	Frage
14	Von wem stammt das Zitat „Auf abseits zu spielen, ist in Deutschland sehr gefährlich. Die Spieler können das, aber die Linienrichter sind oft nicht dabei"?
15	In 21 Spielen hintereinander schoss Lionel Messi das Runde ins Eckige. In welcher Liga ist das ein Rekord?
16	Wer schoss das erste und letzte Golden Goal bei einer EM im Jahr 1996?
17	Was geschah beim WM-Qualifikationsspiel im Jahr 2006 zwischen der Türkei und der Schweiz?
18	Es wird bei Wind und Wetter gespielt! Komme, was wolle! Nicht ganz. Denn bei Nebel kann das Spiel abgebrochen werden. Welche Rahmenbedingungen müssen dazu erfüllt sein?
19	Bei einer EM dürfen nur Schiedsrichter der UEFA pfeifen. Ist die Aussage richtig oder falsch?
20	Der Vatikan hat eine Nationalmannschaft, die auch Mitglied der FIFA ist. Ist diese Aussage richtig oder falsch?
21	Welcher Club ist es, der die meisten Spiele in der 2. Bundesliga absolvierte und wie viele Spiele waren es?
22	Die Spieler sind bei der jungen EM nicht vor Karten gefeit. Schon gar nicht vor der roten Karte. Wer aber ist der Schiedsrichter, der zum ersten Mal eine rote Karte bei einer EM zückte und in welchem Jahr war das?

Nr.	Frage
23	Eine WM ist ein Zuschauermagnet, keine Frage. Auffällig ist jedoch, dass bei einer Weltmeisterschaft weltweit deutlich mehr Arbeitnehmer krank sind, als vor oder nach einer WM. Wie viele Arbeitnehmer ließen sich zu dieser Zeit gleich krankschreiben?
24	Wie viele Fußballspieler gibt es auf der ganzen Welt?
25	Pedro Proença durfte 2012 das Champions League Finale pfeifen und durfte ebenso beim EM-Endspiel ran. Aus welchem Land stammt dieser besondere Schiedsrichter?
26	In Madagaskar gab es ein Spiel, in dem ganz schön viele Eigentore fielen. Das geschah jedoch nicht aus dem Unvermögen der Spieler heraus, sondern war ein Protest gegen die Leistung des Schiedsrichters. Wie viele Eigentore wurden in dem Spiel geschossen?
27	Es gibt bis heute nur einen Trainer, der zwei Weltmeistertitel holen konnte. Um welchen Trainer handelt es sich und in welchen Jahren konnte er den Erfolg einfahren?
28	Ein Stadion ist ein besonderes Bauwerk. In der Stadt Macapá in Brasilien ist dieses besondere Stadion beheimatet. Wodurch zeichnet es sich aus?
29	"Wir müssen jetzt die Köpfe hochkrempeln – und die Ärmel auch." Ist ein Zitat von einem ganz bekannten Nationalspieler. Von wem stammt es?
30	Wie heißen die Bälle, welche sich unvorhergesehen verhalten und den Torwart trainieren sollen?

Quiz Lösungen

Nr.	Auflösung
1	Roland Wohlfahrt
2	Horst Ehrmanntraut
3	Neville Neville
4	1966
5	1,1 bar
6	Torwart
7	8342 Mal
8	Namen der Bälle einer WM
9	Europameisterschaft
10	Bundesliga
11	Sein Name ist Clive Thomas, der bei dem Spiel Tschechoslowakei gegen die Niederlande gleich 3 Mal zur roten Karte griff.
12	„Fifa approved", „Fifa inspected" und „International Match Standard"
13	Es gibt Schiedsrichterball
14	Aad de Mos

Nr.	Auflösung
15	In der spanischen La Liga
16	Oliver Bierhoff
17	Es kam zu einer Massenschlägerei zwischen den Nationalspielern und Betreuern.
18	Der Schiedsrichter muss von einem Tor nicht mehr zum anderen Tor gucken können.
19	Falsch! Durch ein Austauschprogramm dürfen auch Schiedsrichter anderer Verbände pfeifen.
20	Falsch. Der Vatikan hat zwar eine Nationalmannschaft, diese ist jedoch nicht Mitglied der FIFA.
21	SpVgg Greuther Fürth (Stand 2022). 1129 Spiele
22	José María Ortiz de Mendibil. 1986
23	1,4 Millionen Arbeitnehmer
24	263 Millionen Fußballspieler
25	Portugal
26	149 Eigentore
27	Die Rede ist von Vittorio Pozzo. Der Trainer gewann die WM 1934 und 1938.

Nr.	Auflösung
28	Es zeichnet sich durch die Mittellinie aus, denn diese liegt exakt auf dem Äquator. Wenn in dem Stadion nun zwei Mannschaften gegeneinander spielen, so spielt eine Mannschaft auf der Nordhalbkugel, während die andere auf der Südhalbkugel spielt.
29	Lukas Podolski
30	Reflexbälle

Quiz Auswertung

Du hast alle 30 Fragen beantwortet? Dann willst du bestimmt nun dein Ergebnis wissen. Hierzu zählst du alle richtigen Antworten zusammen. Für jede richtige Antwort erhältst du einen Punkt. Im Anschluss kannst du das Ergebnis unten ablesen.

Bis 10 Punkt

Amateurliga-Niveau. Du bist nicht schlecht, aber da ist auch noch deutlich Luft nach oben. Du möchtest gerne in der Bundesliga mitspielen? Dann musst du fleißig trainieren, dann wird dir das auch gelingen.

Bis 18 Punkte

Bundesliga-Niveau. Du bist schon geübter. Zugegeben, vielleicht noch nicht messbar mit Bayern München, aber ein gesundes Mittelfeld ist in der Bundesliga doch auch viel wert. Etwas mehr Training und du schaffst es bis nach ganz oben in der Bundesliga!

Bis 25 Punkte

Champions League-Sieger. Das kann sich doch sehen lassen! In die Champions League schafft es schließlich nicht jeder. Ob du beim nächsten Mal den Weltmeistertitel holst?

Bis 30 Punkte

Aus, aus, aus, das Quiz ist aus. Du bist Weltmeister! Herzlichen Glückwunsch! Du kannst stolz auf dich und deine Leistung sein. Nicht jeder schafft es, Weltmeister zu werden!

Quellverzeichnis

- https://de.statista.com/statistik/daten/studie/387554/umfrage/anzahl-der-sportfans-weltweit/

- https://www.fifa.com/de/worldfootball/bigcount/allplayers.html

- https://www.fifa.com/de/worldfootball/bigcount/clubs.html

- https://www.bild.de/sport/fussball/fussball/66-fakten-ueber-den-ball-35856302.bild.html

- https://www.youtube.com/watch?v=qWNTkVBZaog

- https://gruene-zitate.de/die-interessantesten-fussball-fakten/

- https://de.wikipedia.org/wiki/Fu%C3%9Fball-Europameisterschaft/Rekorde#Spiele

- https://www.nzz.ch/sport/england-hatte-lange-keinen-grossen-torhueter-mehr-nun-stellt-ausgerechnet-jordan-pickford-einen-rekord-auf-ld.1634261

- https://onlineversicherung.de/10-skurille-fussball-fakten/

- https://www.sport.de/diashow/sl983/em-fakten-und-rekorde/#slide=1;

- https://www.wettfreunde.net/em-2021-news/fakten-zahlen-rekorde-em-geschichte/

- https://www.youtube.com/watch?v=Qp5Tq9mwxAs

- https://www.youtube.com/watch?v=PXBhrXVuitE

- https://www.dw.com/de/13-der-spektakulaersten-ausraster-im-fussball/g-51237678

- https://www.travelworks.de/blog/fussball-zitate.html

- https://www.taschenhirn.de/alles-uber-fussball/lustige-fussball-sprueche/

- https://www.ran.de/fussball/bildergalerien/das-sind-die-kuriosesten-fussballregeln

- https://www.kennstdueinen.de/magazin/10-absurde-fussballregeln-die-niemand-kennt/

Unnützes Fußball Wissen für
Jungs & Männer

- https://www.90min.de/posts/6215717-fussballregeln-die-14-kuriosesten-und-bizarrsten-richtlinien

- https://www.dfb.de/schiedsrichter/interessentin/artikel/wie-werde-ich-schiedsrichter-345/

- https://de.wikipedia.org/wiki/Schiedsrichter_(Sport)#:~:text=Sie%20besteht%20aus%20mindestens%20vier,f%C3%BCr%20spezielle%20Aufgaben%20zust%C3%A4ndig%20ist.

- https://de.wikipedia.org/wiki/Liste_der_FIFA-Schiedsrichter

- https://de.statista.com/statistik/daten/studie/74993/umfrage/fifa-anzahl-der-schiedsrichter-nach-nationen/

- https://de.statista.com/statistik/daten/studie/821963/umfrage/anzahl-der-gelbenkarten-von-bundesliga-schiedsrichtern/#:~:text=61%20gelbe%20Karten%20hat%20Fu%C3%9Fball,in%20der%20Saison%202021%2F2022.

- https://de.wikipedia.org/wiki/Rote_Karte#:~:text=Die%20meisten%20Roten%20Karten%20in,Trainer%20insgesamt%2036%20Rote%20Karten.

- https://www.sport.de/fussball/deutschland-bundesliga/historie-schiedsrichter/

- https://www.ran.de/fussball/international/bildergalerien/die-verruecktesten-tor-rekorde-im-fussball-haaland-sorgt-fuer-champions-league-torrekord

- https://www.braunschweig.de/leben/stadtportraet/geschichte/konradkoch/11tatsachen.php

- https://www.ran.de/fussball/bundesliga/bildergalerien/top-6-die-rekord-aufsteiger-in-die-bundesliga

- https://www.bundesliga.com/de/2bundesliga/news/rekorde-tore-aufstieg-abstieg-historie-bestmarken-spieler-5557

- https://www.bundesliga.com/de/bundesliga/news/rekorde-tore-meisterschaft-historie-bestmarken-spieler-meiste-3235

- https://rp-online.de/sport/fussball/die-kuriosesten-fussballstadien-der-welt_bid-9631119#8

- https://rp-online.de/sport/fussball/die-kuriosesten-fussballstadien-der-welt_bid-9631119#21

Unnützes Fußball Wissen für Jungs & Männer

- https://de.statista.com/statistik/daten/studie/7018/umfrage/fussballclubs-mit-den-meisten-siegen-in-der-champions-league/

- https://sport.sky.de/fussball/artikel/champions-league-news-die-groessten-fussball-skandale-im-ueberblick/12106192/34956

- https://www.gutefrage.net/frage/was-sind-die-wichtigsten-fussballturniere-also-fuer-vereine-und-nationen

- https://www.youtube.com/watch?v=Y4aRU45fQZQ

- https://www.weser-kurier.de/sport/fussball/25-wm-fakten-mit-denen-sie-richtig-punkten-koennen-doc7e6dhvg6wt184swt9wh

- https://www.taschenhirn.de/alles-uber-fussball/kuriose-witzige-wm-fakten/

- https://www.taschenhirn.de/alles-uber-fussball/fussball-em-rekorde/

- https://www.ligaportal.at/international/ligen-mix/50705-die-10-reichsten-fussballvereine-der-welt-im-jahr-2022

- https://www.ran.de/fussball/bildergalerien

- http://www.aktives-abseits.de/von-bobbycars-und-bohrmaschinen-%E2%80%93-die-kuriosesten-fusballerverletzungen/

- https://www.fussballfieber.de/p/3nkph4/die-fatalsten-fehlentscheidungen-im-fussball

- https://www.ran.de/fussball/international/bildergalerien/die-groessten-transfer-pannen-im-fussball-silva-carlgren-witsel

- https://www.youtube.com/watch?v=qDFMASciurU

- https://www.owayo.de/magazin/schiedsrichter-ein-job-mit-verantwortung-de.htm

- https://www.aachener-zeitung.de/ratgeber/7-fakten-die-sie-sofort-zum-fussball-experten-machen_aid-67383715

- https://www.spiegel.de/sport/fussball/fussball-em-2016-zehn-fakten-ueber-schiedsrichter-a-1096776.html

- https://www.srf.ch/radio-srf-3/input/fussball-diese-6-fakten-ueber-schiedsrichter-innen-musst-du-kennen

Unnützes Fußball Wissen für Jungs & Männer

- https://www.t-online.de/sport/fussball/bundesliga/id_85105478/dann-greift-er-wirklich-ein-acht-fakten-zum-videobeweis.html
- https://www.lkz.de/sport_artikel,-fakten-und-kurioses-rund-um-das-champions-league-finale-_arid,687286.html
- https://www.legendeverloren.de/s2e2-die-ersten-schiedsrichterinnen
- https://www.ran.de/fussball/bundesliga/die-besten-fussball-sprueche
- https://rp-online.de/sport/fussball/die-lustigsten-fussballer-sprueche-aller-zeiten_iid-12056379#91
- https://gruene-zitate.de/
- https://www.fussballtrainer.de/profifussball/grosse-worte.html
- https://www.swr.de/swr1/bw/programm/fussballer-zitate-100.html
- https://zitate.net/fu%C3%9Fball-zitate
- https://www.taschenhirn.de/alles-uber-fussball/fussball-zitate/
- https://www.sport.de/diashow/sl1036/fussball-weisheiten/#slide=1;
- https://www.watson.ch/sport/fussball/675996497-fussball-die-besten-anekdoten-von-gascoigne-maradona-alaba-und-co
- https://www.orthomol-sport.de/magazin/sechs-kuriose-fussball-anekdoten
- http://www.fussballzeitreise.de/grosse_namen/anekdoten/der_bulle_und_das_wadenbein
- http://www.fussballzeitreise.de/grosse_namen/anekdoten/der_selbsteinwechsler
- http://www.fussballzeitreise.de/grosse_namen/anekdoten/rote_ampeln
- https://www.freenet.de/unterhaltung/witze/die-besten-fussball-witze-fntdt-40380428.html
- https://www.berliner-kurier.de/fussball/em2021/achtung-witzig-spass-fuer-die-halbzeitpause-diese-zehn-fussball-witze-sollten-sie-kennen-li.167099
- https://www.ran.de/fussball/bildergalerien/die-besten-egal-wie-witze-der-sportwelt

Unnützes Fußball Wissen für
Jungs & Männer

- https://dermorgenschiss.de/fussball-witze-zum-totlachen/
- https://www.wettfreunde.net/em-2021-news/fakten-zahlen-rekorde-em-geschichte/
- https://gruene-zitate.de/die-interessantesten-fussball-fakten/

Unnützes Fußball Wissen für Jungs & Männer

Haftungsausschluss

Die Umsetzung aller enthaltenen Informationen, Anleitungen und Strategien dieses Buchs erfolgt auf eigenes Risiko. Für etwaige Schäden jeglicher Art kann der Autor aus keinem Rechtsgrund eine Haftung übernehmen. Für Schäden materieller oder ideeller Art, die durch die Nutzung oder Nichtnutzung der Informationen bzw. durch die Nutzung fehlerhafter und/oder unvollständiger Informationen verursacht wurden, sind Haftungsansprüche gegen den Autor grundsätzlich ausgeschlossen. Ausgeschlossen sind daher auch jegliche Rechts- und Schadensersatzansprüche. Dieses Werk wurde mit größter Sorgfalt nach bestem Wissen und Gewissen erarbeitet und niedergeschrieben. Für die Aktualität, Vollständigkeit und Qualität der Informationen übernimmt der Autor jedoch keinerlei Gewähr. Auch können Druckfehler und Falschinformationen nicht vollständig ausgeschlossen werden. Für fehlerhafte Angaben vom Autor kann keine juristische Verantwortung sowie Haftung in irgendeiner Form übernommen werden.

Urheberrecht

Alle Inhalte dieses Werkes sowie Informationen, Strategien und Tipps sind urheberrechtlich geschützt. Alle Rechte sind vorbehalten. Jeglicher Nachdruck oder jegliche Reproduktion – auch nur auszugsweise – in irgendeiner Form wie Fotokopie oder ähnlichen Verfahren, Einspeicherung, Verarbeitung, Vervielfältigung und Verbreitung mit Hilfe von elektronischen Systemen jeglicher Art (gesamt oder nur auszugsweise) ist ohne ausdrückliche schriftliche Genehmigung des Autors strengstens untersagt. Alle Übersetzungsrechte vorbehalten. Die Inhalte dürfen keinesfalls veröffentlicht werden. Bei Missachtung behält sich der Autor rechtliche Schritte vor.

Unnützes Fußball Wissen für Jungs & Männer

Impressum

Deutschsprachige Erstausgabe 2022
© 2022 Alexander Reinke

Jens Steingröver / Dannhalmsburg 27 / 26441 Jever

Cover: Wolkenart - Marie-Katharina Becker, www.wolkenart.com
Lektorat: Heidi Hofmann
Illustration & Bilder: Für alle Bilder liegen die Lizenzen vor.
Herstellung und Verlag: RPU Verlag

Taschenbuch ISBN: 978-3-910390-07-2
Hardcover ISBN: 978-3-910390-08-9